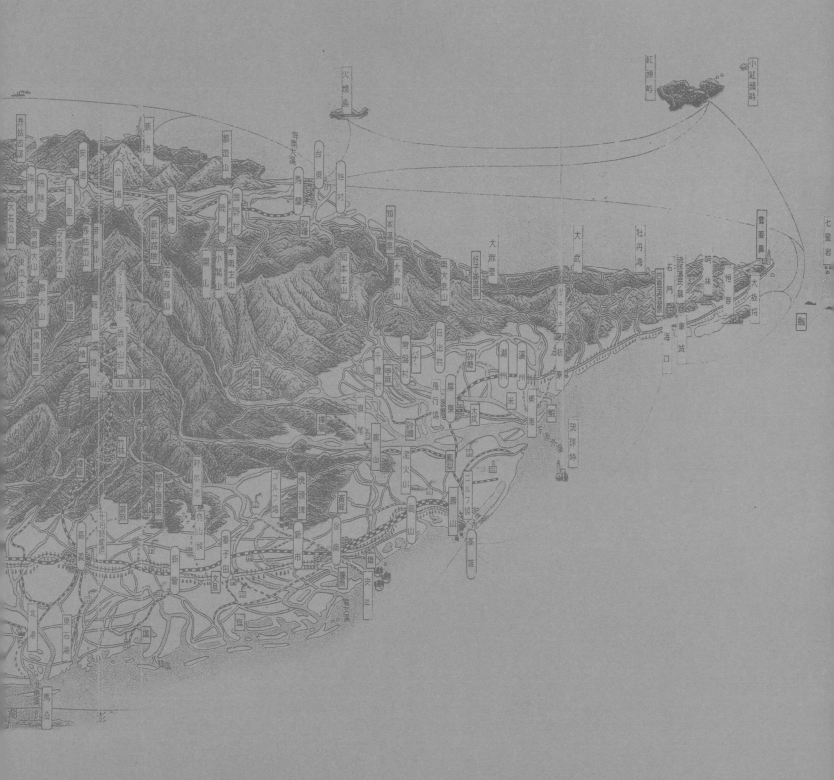
U0029061

台灣
SCANNING TAIWAN Vol. 2
世紀回味

1895 2000 生活長巷

總策劃　莊永明

遠流出版公司

台灣世紀回味

SCANNING TAIWAN Vol. 2

生活長巷

1895 2000

編著者　遠流視覺書編輯室
總策劃　莊永明
編輯顧問　鄭林鐘
編務諮詢　吳興文・林皎宏
專文作者　黃智偉・劉克襄・陳佳芬・王紹中
　　　　　丁榮生・莊永明
主編　　黃秀慧
執行編輯　李淑楨・王紹中・鄭麗卿・林琦珊
前製美編　洪致芬
校讀　　黃智偉・林蘭芳
資料匯整　鄭志匡・蘇麗玲・王雅慧
編務協力　丘　光・吳倩怡

圖片提供　莊永明・簡義雄・陳政雄・陳輝明等
　　　　　（各圖片提供資料標於圖下或圖側）
照片調集　劉振祥
物件攝影　陳輝明・蔡沂均・徐志初

視覺統籌　勤蜂設計網–吉松薛爾
製版印刷　中原造像股份有限公司

發行人　王榮文
出版發行　遠流出版事業股份有限公司
地址　　台北市100南昌路2段81號6樓
郵政劃撥　0189456-1
電話　　(02)2392-6899
傳真　　(02)2392-6658

出版日期　2001年8月30日　初版一刷
　　　　　2011年6月30日　二版一刷
定價　　新台幣2000元

行政院新聞局出版事業登記證
局版臺業字1295號
版權所有，非經同意不得轉載
著作權顧問　蕭雄淋律師
法律顧問　董安丹律師
ISBN 978-957-32-6814-7
YLib 遠流博識網
http://www.ylib.com
E-mail:ylib@ylib.com

遠流出版公司

封面圖象：1896年開業的西門市場是日治時期台北首座公
有市場，圖中的磚造建築由早期木造結構改建而成，於1908年
啟用。(莊永明提供，相關主題見p88-89)

目錄

1938年台中市街上的三輪車，相關主題見p18-19.

四通八達 10

1930年代旗袍仕女的時髦身影，相關主題見p68-69.

遊山遊水 遊台灣 36

1959年以日月潭風光為號召的旅遊指南，相關主題見p52-53.

有模有樣 趕時髦 62

1960年代的飲食攤,冷熱食一應俱全,相關主題見p96-97.

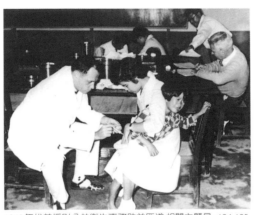

1960年代美援對公共衛生事務助益匪淺,相關主題見p134-135.

1960年代盛行的家庭寄藥包,相關主題見p144-145.

1930年代的三峽老街亭仔腳店鋪住宅,相關主題見p116-117.

小孩與時光的腳步,相關主題見p158-159.

【總策劃序】

文物有靈，光影不滅

在漫漫生活長巷裡，台灣人
如何度過悲歡歲月？如何追求品質品味？
如何擴展視野境界？如何選擇汰舊迎新？

2000年1月1日，台灣第一道曙光破曉的時刻，不少人群聚在台東太麻里海濱，目睹著將黑暗從台灣驅走的光芒，他們成為台灣邁進千禧年的見證人。

2001年1月1日上午6時33分，21世紀台灣第一道朝陽的光線灑在台東蘭嶼島上，而台灣本島南端的鵝鑾鼻也在2分鐘後的6時35分出現日光。在此珍貴的時刻，有無數人前往觀賞，見證「世紀交替」的瞬間。

日出日落，本是自然規律，然而為什麼有人會懷抱著興奮的心情，爭看「一時」，用以見證千秋？我錯失了迎接「千禧年」台灣第一道曙光的機會，也無緣和新世紀降臨台灣時的第一道曙光交會：和這二次「台灣第一」都未能正面接觸，是不是很可惜？

然而，走出「千禧年」，告別舊世紀：在2001年，我想不僅要見證「光」，也要捕捉「影」。

在20世紀生活了半個世紀的我，和地球上的60億人一樣，都是「跨世紀的人物」。但做為一位台灣文史的研究者，對於台灣的「光和影」，我留下了什麼見證？

《台灣第一》是我第一本付梓的著作，當年，這本書能受到矚目，想是因為彼時台灣研究還是「險學」的年代，「台灣第一」這個詞彙，有挑戰威權的意味，它是大膽而且有魄力的命題！記得作家李喬曾說：「吳濁流創造了『亞細亞的孤兒』一詞，就足夠令他不朽了！」每次李喬和我見面，常直呼我「台灣第一」，想是他對我這本書的書名，情有所鍾吧！

我當然不敢奢望《台灣第一》會在台灣歷史研究叢書中有一席之地，但畢竟「台灣第一」這個名字是永恆的！

雖然《台灣第一》屬於「小品」之作，我也非學院出身，但不少朋友對我刮目相看。鍾肇政前輩說：「英雄出少年」，李南衡則說：「大隻雞慢啼」，柏楊更以「台灣第一位寫台灣第一的人」相許。

區區之作，獲得薄名，想必是大家肯定我的台灣史料收藏。沒錯，我是一位執迷不悟有收藏癖的人，而且到了「無所不集」的地步，台灣史料是蒐集對象之一，也因為憑藉著此興趣，才能夠有《台灣第一》等40本著作。

做為一個「蕃薯囝仔」，面臨幽微難明、觀點雜遝的台灣史，有幾個問題經常在腦海中思索著：

台灣人有過的是什麼？台灣人失去了什麼？
台灣人忘掉了什麼？台灣人希求是什麼？
台灣人創造了什麼？台灣人嚮往的是什麼？
台灣人在生命長廊中，如何度過悲歡歲月？
台灣人在生活長巷中，如何追求品質品味？
台灣人在生命旅途中，如何擴展視野境界？
台灣人在生活方式中，如何選擇汰舊迎新？

大太魯閣交通鳥瞰圖，吉田初三郎繪，1935，相關主題見p20-21.

其實，我的問題，本就是台灣歷史應該探索、討論的題目。長年來，我勤於收集各種證書、收據、郵票、車票、發票、照片、入場券、電影本事、明信片……，目的無它，因我視其為史料。

「史料」是能夠檢驗歷史的重要證物，然而什麼才稱得上「史料」？史料，僅只是政府文書、官方檔案嗎？應該未必吧！無所不在、無所不有的生活「跡痕」，難道是「非史料」嗎？

執政者往往對史料採行選擇性的保存，政治立場常常會影響「史觀」，於是「修史」是各說各的話，各唱各的調，歷史好像不容庶民的存在，難道「統治者」才能做「歷史」的主角嗎？

台灣研究由「險學」轉為「顯學」，從非主流成為主流；在「台灣學」當道的今天，如果還是以統治者為中心的史觀，鋪天蓋地做台灣史的詮釋，是不足以了解整體脈絡的，用小物件看大歷史是我們的心志，《台灣世紀回味》可以說是「以民為主」的歷史書。

人民的生活史必成為未來歷史的主流，此為可以預期的觀點，也因此我承接了《台灣世紀回味》的總策劃工作。相信多年的收藏物件，可以「回味世紀台灣」，藉著這些斑駁碎物，做歷史片斷的追憶，更重要的是——突顯台灣人民的「主體性」！

個人的收藏，必定有所不足，況且「藏史於民」的數量是成千累萬，所以也藉他人珍藏來共同完成此龐大計劃。更重要的是撰述、編輯團隊的全力投入，始能締造成績，因此《台灣世紀回味》是「群策群力」的作業。

《台灣世紀回味》這套書分別為：政經篇「時代光影」、生活篇「生活長巷」、文化篇「文化流轉」三冊付梓，是以全視野、全方向、全思考來探討1895年至2000年的台灣歷史。

文物有靈，歷史有憑，歲月舊痕必能喚起記憶。千禧年前夕，有人埋下「時光錦囊」（時代儲存器，Time Capsule），希望後代子孫挖掘重見天日後，來解讀我們今日的生活。也因此，我們決定出版《台灣世紀回味》，因為文物「入土」不如歷史「出土」重要。

這套《台灣世紀回味》，何止回味世紀台灣，更是為這塊土地留住久久長長的共同記憶——記憶常存，自有不朽的「影」與永恆的「光」。

莊永明

日治時期的醬菜「蓬萊漬」上有MADE IN FORMOSA的標誌,相關主題見p94-95.

日治時期台灣女性愛用的化妝品新竹白粉,相關主題見 p68-69.

日治時期防蚊蟲的芳香粉,相關主題見p144-145.

【出版緣起】

黑白的印象，彩色的回味

　　在光陰導演的催促下，「20世紀」百年大戲已經落幕、進入歷史了。這場戲，關乎地球上大多數人的生存與權利，以及對未來幸福的追求。其劇情高潮迭起環環相扣，精彩的程度與變遷的速度，遠遠超越此前的任何一齣戲。

　　我們的台灣，從來不曾在世界舞台上領銜主演，卻經常扮演著不可或缺的角色，尤其在經濟領域的表現，屢屢教人刮目相看。即使內裡的傷口疼痛，演出始終賣力。努力生活、跨越障礙，正是台灣最可貴的演出。這些足跡的留存，無論形諸於個人傳記或總體性的歷史記述，這些年來，坊間見到不少可貴的出版，遠流也參與了一部分。

　　自1975年遠流成立以來，在台灣歷史文化領域的出版表現，深獲各界肯定。因為，除了作者用心經營的內容深度，還有編輯群的精心調理，為閱讀的意趣加料、提味。因此，出版《台灣世紀回味》這系列圖文並茂的書，便是立意要將真實的百年人間事、奮鬥的智慧重新歸整。體例上，大膽採取主題式的編排，捨去流水帳式的編年紀事，提供予關心台灣的人，加以審視、回味。

　　100年的台灣生活累積了怎樣的香醇芳味？台灣人如何在自己的土地上，不斷地創新紀錄、創造第一？在《台灣世紀回味》Vol.2：生活長巷裡，硬體如交通建設、屋宇樓房的興築、醫療網路的闢設，軟體如時尚的陣陣風行、飲食文化的多元發展，都是我們駐足回味的起點。

　　為此，遠流特別邀請台灣最重要的收藏家、同時也是文化研究者的莊永明先生，來和我們一起策劃編纂這系列

《台灣世紀回味》專書，以生活的角度呈現西元1895年至2000年百餘年來台灣的政治、選舉、經濟、產業、交通脈動、旅遊、消費、流行時尚、教育、文化、博覽會等近20個領域的發展軌跡，便格外具有意義。他的關懷，向來以台灣為重心，觸角則延伸至與台灣息息相關的世界局勢、時代背景；他的收藏，使書齋成了書災；他的解讀，則帶領讀者重新探索文物的真味。

　　《台灣世紀回味》關懷的面向多元、材料繁多，我們耙理出三個方向：《台灣世紀回味：時代光影》《台灣世紀回味：生活長巷》《台灣世紀回味：文化流轉》，分為三部陸續出版。書頁中飽含各色圖片與物象，風格屬於富有溫度的人文與生活記憶，而非昔時統治階層需求的、傳統的沈重嚴肅冷硬的大歷史書寫。說得確切些，不但網羅了近期的時代特色，即使舊時代褪了色的印象，都因莊永明先生與視覺書編輯室同仁們的綿密編織和解碼而鮮活起來，回復了自身的色彩與光芒。

　　透過版面編排的活潑靈動和豐富多元的圖像——地圖、證書、攝影照片、明信片、郵票、畫作、物件、宣傳品等等，讀者可由身邊事物著手，盡情地翻閱100年，輕鬆加入回味20世紀的陣營。畢竟，在遠流這所無圍牆、無界限的學校裡，我們可以樂在知識，樂在展讀各式歷史資料，也樂在不同見解之間的交流與激盪。

王榮文

編輯室萬味報告

　　要替20世紀的台灣整理出一些什麼，光是看到「世紀」這兩個字，一不小心，就會掉進「歷史」的刻板框框裡去。對一般人而言，這兩個字，常代表著枯燥乏味與不貼近生活，只有研究者，才能對它「甘之如飴」。

　　閱讀20世紀，可不一定非得這麼堅毅！

　　於是，我們選擇用大量珍貴的圖象來「回看」這個世紀，搭配上精簡的文字來「回想」這個世紀，並透過每一跨頁一個主題的方式，輕鬆「回味」台灣的20世紀。重要的是，這裡面不只有歷史味，還帶著濃濃的生活味。

　　我們不忘在文字上理出時間的先後，也在乎圖片中有多少你我行過20世紀「曾有的記憶」與「未見的驚喜」。我們不僅聘請專家，就20世紀台灣生活最容易引起你我回味的20個面向，做大角度的嚴謹解讀，更要在占主體的篇幅裡，藉由大量的圖象光影，勾起你、你的家人、你的朋友心靈裡的互動與交通。

　　也許，哪一張照片中的人，就正好有你自己在畫面裡頭，抑或是隔壁的黑狗兒、黑貓姐被拍了進去。也或許，哪一張照片中的房子，就是你曾經住過的街坊、唸書的學校、談情的公園。也或許，哪一張照片中的物件，呈現了一個你怎麼樣也想像不到的世界——你可曾見過，連牛車都要有「行車執照」？

　　一百年的生活實踐裡，留下的影像何其龐雜，其中，握手、簽約、開幕、剪綵的鏡頭經常可見，然而，更切身的景物是市井小民的生活場景。在時空走廊裡，儘管人人只參與了一部分，但我們在本書可以觀看更多，雖然不是網羅千帆，但百年時光美景又何需一次賞盡呢？

　　在本書裡，每日生活的食、衣、住以及交通、旅遊、醫療，都有歲月留下的清晰痕跡。此外，還有以人物為主軸的歷史照相簿。所謂的一樣米養百樣人，確實反映在生活長巷裡的每種行業、每個臉龐之中。

　　拋下所有沉重的包袱吧！放輕鬆，只要有一張圖片讓你低迴再三，一段小文帶你瀅進往昔的悲歡喜苦，20世紀，我們就沒有白走，20世紀，我們就有了回味。

　　在搜尋本書千餘張圖象與查索內文資料的過程中，編輯同仁均已竭盡所能，從台灣頭問到台灣尾；讀者在玩味之餘，若其中發生錯漏疏失，尚請不吝指正。

如何回味本書——編輯體例說明

《台灣世紀回味》系列以圖象為主要素材，圖象廣泛包括攝影影像、百年來生活中曾經出現過的各類用品、物件和文件，希望能以多樣又生活的素材，和讀者一起豐富而有趣地回味台灣百年來的生活。

總策劃——莊永明簡介

莊永明，1942年生於台北市大稻埕，國內知名台灣文史專家，公認是蒐集台灣史料最豐富的少數人之一。初中就讀建國中學時，即開始收集台灣文史資料，集郵與收藏書籍成了嗜好。1970年代，陸續發表文章。1980年，應中國時報之邀，撰寫「台灣第一」專欄，每周一篇，前後一整年。自1984年起，專注於田野調查、記述俚諺，收錄在《台灣金言玉語》、《台灣警世良言》、《台灣好言吉句》……等十書中，並為廣播、電視節目所常引用播出。1989年，出版《台灣紀事》上、下冊，被奉為研讀台灣史的「入門書」。1991年出版《台北老街》，此書曾獲時報開卷版十大好書。1994年製作有聲書《台灣歌謠尋根》，獲新聞局舉辦之優良唱片金鼎獎。1995年《台灣第一》獲該年度聯合報讀書人版推薦非文學類好書。1996年出版《台灣鳥瞰圖》，獲本土十大好書。1998年出版《台灣醫療史》，獲巫永福文化評論獎。2000年策畫《台灣放輕鬆》系列和《台灣世紀回味》系列，更為國人打開另一扇閱讀台灣史的門窗。1999年《天下雜誌》以「有系統的整理台灣歌謠、俗諺語以及獨家珍藏共同記憶珍貴的史料」選為「影響200跨越2000」的重要人物之一。

現任：
◆ 吳三連台灣史料基金會董事
◆ 台北市七星田園文化基金會監察人
◆ 保生文教基金會董事
◆ 台北市文獻委員會副主任委員

本系列以20類主題，回味20世紀的台灣。三冊內容為：

Vol.1 時代光影篇

政治：改朝換代
選舉：選舉風雲
產業：產業演義
金融：金錢共和國
歷史照相簿：萬象博覽會

Vol.2 生活長巷篇

交通：四通八達
旅遊：遊山遊水遊台灣
時尚：有模有樣趕時髦
飲食消費：買東賣西過生活
建築：大城小鄉蓋房子
醫療：衛生醫療保健康
歷史照相簿：一樣米百樣人

Vol.3 文化流轉篇

通訊：萬變訊息傳千里
讀的文化：出版、新聞
聽的文化：百年伴唱老歌謠
看的文化：從野台到舞台
教育：教科書與百年樹
體育：運動會與得冠軍
土地家園：生態與社會人權
歷史照相簿：拼貼台灣

Vol.3各章架構及內容，若有更動，以實際出版品為準

本書編輯五大特色

1 開章頁：每一個主題開章篇名頁以跨頁大幅珍貴圖象，開啟讀者生活中記憶的列車，古今並陳，顯示對照，觸動回味百年歲月的按鈕。

遊山 遊水 遊台灣

陸海空全面出發

黃智偉《台灣世紀回味》研究員

台灣最初的近代交通建設，
並非來有地理上的需求，然後才興築的。
相反地，是先有了交通建設，才刺激了產業經濟的成長，
進而培養出對交通運輸的需求。

2 導言：特邀各領域專家根據不同主題以宏觀視野撰寫3000餘字的專文導言，讓讀者得以掌握百年來各種變貌的梗概。

3 圖文單元：每一跨頁均為獨立的主題單元，並有完整的文圖整合，依時代脈絡流動；透過各種有趣或重要的影像圖象、文件、物件和邊欄等，來呈現該主題。

1 主圖：有趣味或具重要性的歷史影像和圖象，讓讀者順利進入時空隧道，回味往日情境。

2 主圖說：針對主圖加強輔助性文字說明，讓讀者更清楚掌握影像所傳達的時空背景與訊息。

3 主文：以簡要文字鋪陳跨頁主題，或依年代順序進行，或以該主題不同切面呈現百年變貌。

4 配圖：數幅與主題相關的配圖，呈現該主題的不同面貌。圖片提供者置於圖側或圖片下方圖說內，依版面而定。

5 物件：過去生活中常見而今已不可得的物件，可讓讀者回味再三。

6 邊欄：以不同色塊來陳述與主題相關的內容。無論是一個議題、一則生活小故事，或是時代小插曲，都值得細細回味。

7 文件：與主題有關的各式文件、戳印，增加歷史情境的真實感。

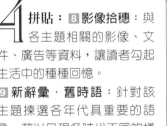

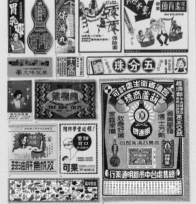

4 拼貼：8 影像拾穗：與各主題相關的影像、文件、廣告等資料，讓讀者勾起生活中的種種回憶。

9 新辭彙‧舊時語：針對該主題揀選各年代具重要的語彙，藉以呈現各時代不同的樣貌、用語與事物。

5 歷史照相簿：依主題編選影像圖片，撰寫簡白的文字，顯影歷史，為老世代讀者追憶舊時光影，為新世代讀者述說歲月痕跡。

四通八達

　　不會飛、不擅泳又跑不快的人類，卻能創造出千奇百怪的交通工具。交通工具縮短了世界的距離，但也延長了夢想的空間。

　　火車、汽車、輪船和飛機，穿梭在20世紀的台灣。「快速變換空間」和「遠距離移動」對20世紀的台灣人來說，是一種新的經驗。世紀初，台北到台南原本要走十天的路程，因為縱貫鐵路的完工，竟然讓火車在一天內便從台北開到台南！這對台灣人來說，是一種全新的體驗。到了20世紀末，越洋飛行僅需十幾個小時，高速公路大塞車，卻讓台北到台南也要十幾個小時。這對台灣人來說，是否也算全新的體驗呢？

底圖：火車、自動車、人力車、步行，悠緩的述說出1930年代台灣的交通奏鳴曲，圖為日治時期建造、至今仍在使用的新竹火車站。（莊永明提供,相關主題見p16-17）

右頁小圖：飛機、捷運、快速道、高速公路，緊湊的構成了1990年代台灣的交通進行曲，圖為淡水捷運站出口的人潮。（陳輝明攝,相關主題見p24-25）

陸海空全面出發

黃智偉 《台灣世紀回味》研究員

台灣最初的近代交通建設，
並非先有經濟上的需求，然後才興築的。
相反地，是先有了交通建設，才刺激了產業經濟的成長，
進而培養出對交通運輸的需求。

交通建設由國家發動

19世紀末，台灣巡撫劉銘傳積極推動鐵路建設，但只完成基隆到新竹一百公里的路段，以及引進不到十台的火車頭。新竹以南路段，則因為經費不足停工。對於當時的台灣，鐵路不但沒有促發產業的躍進，也沒有改變社會的生活。1895年日本統治台灣以後，在治安及統治的強烈需求下，縱貫鐵路的興建迫在眉睫。所謂「殷鑑不遠」，清代才建築北部一小段鐵路，就拖垮政府財政。台灣總督府才接收完畢，正處於百廢待舉之時，很難拿得出錢來蓋鐵路。蓋鐵路的希望，一時便落在新成立的「台灣鐵道株式會社」身上了。

日本剛占領台灣時，許多資本家對於這塊「帝國新領土」興致勃勃，於是發起創立「台灣鐵道株式會社」。後來發現台灣的統治一直未能上軌道，治安也無法穩定下來，產業發達的可能性不高，股東便又紛紛撤資。「台灣鐵道株式會社」在多次籌資失敗後，終於宣布解散，興建鐵道的任務再度落回總督府肩上。

鐵路與港口的建立

興建鐵路的工程費用太高，台灣本島是無法負擔得起的。為此，第四任總督兒玉源太郎和民政長官後藤新平，向帝國議院提出一個6,000萬圓的公債法案，用以籌措台灣的「基礎建設」經費。這個公債的發行額度，後來被議會刪到只剩下3,500萬圓，其中2,880萬圓被指定為縱貫鐵路的建築款項。剩下的經費再扣除興建基隆港的款項，所剩已寥寥無幾。也就是說，20世紀初日本人在台灣進行的「基礎建設」，縱貫鐵路就消耗了八成以上的經費，另外一成則用在基隆港的建設上。總之，所謂的「基礎建設」，幾乎以交通建設為主。

1899年縱貫鐵路開始興建，九年之後完工。1908年（明治41年）是一個重要的年份，在此之前，台灣西部基本上是由很多個獨立的小區域所組成，人群與物資的流動，都限制於被河流切割成的小區域內。直到縱貫鐵路開通後，台灣西部才真正連成一氣。

與縱貫鐵路同時，另一個關鍵性的交通建設是基隆港與高雄港。在清代的二百多年間，台灣最主要的港口是安平、鹿港與淡水，分別以南台灣、中台灣與北台灣為腹地，各自與中國沿海港埠對口。因此，台南與廈門之間的關係，往往比台南和台北之間來得密切。台南到廈門水路只要一、二天，到台北走陸路卻要八、九天。日本治台以後，各港口與中國的交通幾乎斷絕，取而代之的是南北向以及與日本的聯絡。同時，原本少有往來的南北各地，也都藉由縱貫鐵路打通。換句話說，縱貫鐵路先讓台灣西部凝聚成一個完整的經濟圈，再藉由基隆港與日本聯繫，納入更龐大的經濟網絡中。日本的商品從基隆上岸，藉由縱貫鐵路行銷到南北各地。同樣的，台灣各地的物產，如糖、米、香蕉等，也透過縱貫鐵路匯集到基隆港，然後運銷日本。

1910年代，以鐵路結合現代化港口的交通系統，儼然成形，提供了良好的經濟發展環境。1914年爆發的第一次世界大戰，又刺激了台灣景氣的飛躍。台灣總督府也因此投入大量的公共資本，繼續興建宜蘭線、縱貫海線、花東線、屏東線等鐵路，並且在打狗（高雄）興建現代化港口。這種以鐵路結合港口的交通體系，至少延續到1970年代，始終維持其主導的地位。

城鄉交通網的成型

台灣主要的陸運幹線，在1920年代大致完成，此後維持半個世紀的穩定狀態。不過，光靠幾條鐵路幹線（大線鐵路），是無法滿足所有交通需求的。因此，各地紛紛鋪設輕便鐵道（五分車路）或台車路，解決短距離交通的需求。不管是輕便鐵路或台車，都是從公營的「大線」鐵路車站分出，東西向延伸到較小的鄉鎮去，形成「魚骨頭」狀的陸路交通系統。

1920年代起，汽車（當時稱為「自動車」）開始出現。汽車客運取代了部分的台車路和輕便鐵路（主要是糖廠鐵路），逐漸占有短途交通市場。最後，台車在1950年代初消失，輕便鐵路則延續到1980年代初才完全停駛。經營汽車客運的各家公司，經過戰前一陣競爭與合併後，逐漸整合成一個區域一家獨大的局面，這也就是今天各縣市客運公司的由來。這些地方客運路線，也都是以火車大站為集散，聯絡城鄉之間的交通。在中山高速公路完工之前，以鐵路為主軸的中長程運輸，再由汽車客運負責短程集散的運輸模式，一直沒有改變。

長途交通工具的消長

今天我們大概很難想像，清末台灣島內的長途旅行，最好的交通工具是輪船。清光緒初年，官府開始利用輪船，來往於台北、台南、澎湖，以及福建沿海之間。如果天氣配合，台北到台南只需要一天，天氣不好也頂多再滯留港口三、兩天。如果走陸路的話，台北到台南通常要九天，遇到下雨溪水暴漲，就得花個十天半個月。

輪船雖然便捷，但清末輪船航線並未正式開辦，只有具官方身分的人可以搭乘；商民如果有錢，偶爾也能得到通融搭個便船。日本統治台灣後，立刻開辦環島航線，服務島內中、長途的旅客。沿海岸的航線分為順時鐘和逆時鐘兩種，沿途停靠淡水（台北）、舊港（新竹）、梧棲（台中）、布袋（嘉

義）、安平（台南）、高雄、台東、花蓮、蘇澳，最後繞回基隆。全台灣中、長程的交通，可以一網打盡。不過，輪船的班次少，而且通常白天停留港內，子夜出發，天明前抵達下一個港口後，又要再停留一天。對於長程旅客來說，非常浪費時間。因此，只要鐵路一完工，大概就沒有人要坐船了。1908年縱貫鐵路通車後，西海岸航線的旅客銳減。同樣的道理，宜蘭線鐵路完工後，基隆-蘇澳間的航運也大受打擊。全台灣最長壽的一條沿岸航線「基隆-花蓮」線，拜北迴始終未建鐵路之賜，行駛其間的「花蓮輪」才得以撐到1970年代末才停駛。

輪船的生意被火車奪走，但火車也同樣面臨新的競爭者，因為汽車客運除了服務短程之外，也開始進軍中、長程市場。1930年代中，總督府交通局開始經營縱貫線上的中程公路客運，分為北、中、南三個區間，彼此並不銜接。戰後這些公營客運由省政府公路局接辦，才開始行駛長途巴士。金馬號、金龍號，就是最著名的代表。1970年代末，高速公路通車後，長途客運市場的主流終於從鐵路轉移到公路。

原本搭乘鐵路的長途旅客，在高速公路完工後，紛紛改搭國光號和中興號。長途客運的路權，原來由省公路局（後來成立台汽公司）獨家壟斷。不過，嗅覺敏銳的遊覽車業者，發現長途巴士的前景看好，即使違法也拚命搶奪高速公路市場，這就是俗稱的「野雞車」。高速公路運量快速膨脹，沒幾年就塞成「慢速」公路了。塞車最嚴重的幾年，假日時北高間必須行駛十多個小時，花同樣的時間，坐飛機可以從台灣到美國了！

1980年代末，陸上長途交通品質惡化，刺激了島內航空業的崛起。在北二高興建、中山高拓寬未見成效前，島內航空創造了好幾年的輝煌業績。競爭最激烈的時候，業者甚

至推出北高線「一元機票」的優惠。島內航空的票價，定價都在一千元以上，但在機場外的檳榔攤可以用定價的六、七折買到機票，有時竟然直逼鐵路自強號的價位。不過，在20世紀末的最後三、四年，島內航空已經呈現飽和，票價也逐漸恢復到鐵路票價二倍的水準。民眾對航空的熱情冷卻後，大家逐漸認識到航空運量的有限，以及機場用地等潛在成本的高昂。於是，人們將希望寄託在「高鐵」身上。

都市交通的演進

1930年代的台北市，規模已經大到需要一套市內交通系統了。雖然早在清末劉銘傳的時代，台北就引進了人力車，不過那時的人力車是來往於台北城（今城中區）、大稻埕（今大同區）和艋舺（今萬華區）之間。當時這三個聚落各自獨立，因此這些人力車只能算是「超短程」的「城際運輸」。直到1930年代，台北市的規模才大到需要建立都市交通系統。至於當時其他的大都市，如台中、台南等，規模不如台北，單靠步行或人力車，便能滿足民眾的需求了。

日治時代的都市交通系統，以公共巴士為主，人力車為輔。雖然早在1930年代，台北市就已經規劃「市內電車」，但後來一再停擺。直到戰後，市內交通仍然是公車的天下；至於人力車則轉變為三輪車，最後改成計程車。即使到了20世紀末，島內都市有完整市區交通系統的，也只有台北市、台中市和高雄市。只有這三個都市有發達的公車系統，而計程車也隨處可招，且照錶收費。其他如基隆、新竹、嘉義、台南、屏東等都市，市內公車往往和短程客運混在一起。至於苗栗、斗六、花蓮、台東等都市，則幾乎連公車都很少。

台北市擁有最發達的公車系統，但仍然無

法應付龐大的交通流量。此外，公共交通工具和個人交通工具，沒有區分地在馬路上亂竄，也導致運輸效能降低。1980年代台北終於開始建設捷運系統，距離日治時代的電車計畫，已經又過了半個世紀。

島外飛行網

要離開台灣，必須坐船或坐飛機。輪船是19世紀的主流交通工具，創造了歐洲殖民帝國的輝煌年代。當時台灣也有通往廈門、香港的定期航班。20世紀初基隆港完工後，台灣對外的航線集中在基隆港，向北通往日本，向南可達福建、香港和南洋。

1930年代，飛機終於在台灣的天空出現。初期的航班不多，機場設施也不周全。戰後，由於國際情勢轉變，加上海防軍事管制，坐輪船離開台灣的機會越來越少，航空成為主流。外籍的泛美、聯合和國泰、日航，以及本國的華航，都參與經營台灣對外的國際航線。1980年代民眾經濟力提升，加上政府入出境管制鬆綁，國際航空的旅次才大幅增加。

回歸公共交通，才是正途

今天，中二高、南二高工程仍持續進行著，不久後當能完工。然而，一味地擴充道路設施，不但追不上小汽車增加的速度，而且還回過頭刺激車數膨脹。不論政府或民間，都把注意力集中在擴大新建設，卻沒有從運輸結構上著手，思考如何提升既有設施的效能。其實，以小汽車為主的「個人交通工具」，不僅運輸效率極低，而且占用過多的道路資源；此外，小汽車也是能源和環境的頭號殺手。唯有回歸公共交通系統，一方面擴充捷運、鐵路以及公路客運的容量，一方面在政策上抑制私人交通工具；如此雙管齊下，才有可能改善糾結複雜的交通問題。

騰雲御風
超塵掣電
火車三部曲

清末興築的台灣鐵路只有基隆到新竹一段,建築標準很差,運輸效能也很低。更重要的是,鐵路的建設並未帶動產業發達,也沒有促成社會生活的改變。真正扮演近代化火車頭角色的,是1908年完工的「縱貫鐵路」。

縱貫鐵路不單單只是一條鐵路,它也是台灣的主動脈。在高速公路完工以前,它稱霸陸路交通70年。全台灣各種陸路交通系統,都以它為骨幹。其它的鐵路、台車軌道或公路,要不是當作它的支線,就是做為平行的輔助線。縱貫鐵路所不及的東部和中央山地,也都以縱貫線為起點,逐漸向後山延伸。縱貫線完工之後沒多久,趁著第一次世界大戰的好景氣,台灣總督府擴大公共支出,繼續興築北迴線(繞行北台灣連接東、西縱貫線)、花東線(即東部縱貫線)和南迴線(繞行南台灣連接東、西縱貫線)鐵路。在1929年全球經濟大蕭條來臨之前,只剩下北迴線的蘇澳至花蓮,以及南迴線的潮州至台東兩段尚未完成。

從經濟大蕭條的1930年代到1970年代第一次石油危機的40年間,台灣的產業快速發展。戰後國民政府窮於改善既有的鐵路設施,以應付快速成長的交通需求,更無暇顧及新線的建築。直到石油危機發生,十項建設開工後,政府才大手筆地完成北迴鐵路、縱貫線電氣化以及拓寬花東線。等到南迴鐵路完工,20世紀初的環島夢想在世紀末實現時,鐵路的主角地位早被公路取代了!(黃智偉)

❶【大渦小旋螺線道】1904年日俄戰爭開打後,俄國波羅的海艦隊從歐洲出發,經非洲、麻六甲海峽到亞洲,穿越台灣海峽,欲達日本,台灣因而成為前線。那時西部縱貫鐵路尚未全通。日本軍方便特別撥款,在中部建「軍用輕便線」,藉以連接南北兩段已完工的鐵路,至1908年縱貫線通車後即拆除。圖為輕便線從后里台地下大安溪時的連續螺旋畫面。(莊永明提供)

① 糖廠火車從高雄九曲堂出發,準備駛過高屏溪橋,1910前後.(莊永明提供)

② 1910年前後的縱貫線大安溪橋,背景是苗栗火焰山.(莊永明提供)

③ 驚世火車路:聳立深谷中的木架棧橋是阿里山鐵路的奇景,1920年代.(莊永...

[4]縱貫鐵道全通紀念戳,
1908.(遠流資料室)

[5]阿緱線(高屏線)開
通紀念戳,1914.
(遠流資料室)

[6]宜蘭-蘇澳鐵道開通
紀念戳,1919.
(遠流資料室)

[7]西部縱貫線海線鐵
道開通紀念戳,1922.
(遠流資料室)

[8]花東線鐵道全通
紀念戳,1926.
(遠流資料室)

回頭千里忽不見

在一百多年前的台灣人眼中,路上的交通工具,除了有錢人坐的轎子,普通人坐的牛車以外,多半得靠自己的兩條腿來解決交通問題。不論從南走到北、前山通後山,總都慢悠悠的移動著。直到火車出現,陸地交通才出現新的局面。儘管早期的火車時速只有二、三十公里,但比起步行,已經讓當時的台灣人覺得日行千里、心滿意足了。從以下摘錄的1890-1910年代律詩中誇張的詞句,火車做為現代科技先鋒的魔力,確實令人目眩神移:

聲轟轟如霆雷,火炫炫如流電,
雙輪日御速催行,回頭千里忽不見。
——約1890年代,鹿港洪棄生〈鐵車路〉
奔騰直欲比飛車,縮地長房術漫誇,
晝夜可來還可去,江山無礙又無遮.
電輪迅速行空馬,鐵道行空畫足蛇,
惆悵開窗臨眺處,匆匆過眼霧中花。
——約1900-10年代,霧峰林仲衡〈火車〉

[9]花東線鐵路明信片封套,1920年代.(莊永明提供)

[10]北迴鐵路通車典禮,這裡是北迴鐵路的起點「南聖湖」站,今已改名為「蘇澳新站」,1980,馮國鏘攝.(中央社提供)

台灣鐵路現代化進程

1895-1908

[11]

1977-78

[11]台灣西部縱貫鐵道全通紀念明信片,
1908. [12]鐵路電氣化郵票,1977-78.
[13]北迴鐵路郵票,1977-78.
([11]至[13]均為莊永明提供)

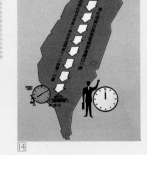

[14]

1887-1987

[16]

1991

[17]南迴鐵路通車典禮紀念

[14]鐵路電氣化紀念文宣品,1981.
[15]台灣鐵路百年紀念特展文宣品,1987.
[16]南迴線通車周年紀念戳,1992.
[17]南迴線通車紀念首日封,1991.

火車浮世繪

　　19世紀末日本統治台灣，接掌鐵路的營運。日本人看到一個奇怪的現象，每當火車頭進站停歇時，台灣苦力立刻朝車身猛潑水，因為大家認為火車頭是一種「鐵牛」。原來台灣鄉間拉車的水牛怕熱，休息時車夫都會幫牠灑水去暑，水牛才有精神繼續拖磨。苦力們看到火車頭「氣喘如牛」，自然而然也就幫牠潑水去暑！

　　火車頭不僅帶動列車，也帶動了產業的起飛。而「坐火車」到外地求學、就業、打天下，是許多人共同的回憶。透過便利的交通網絡，把鄉間的年輕人吸引到都市。都市裡的外地人在農曆年節同時返鄉，造成一票難求的窘境，大家只能被迫「自願無座」。

　　火車不僅開拓了人的視野，也讓神明法力無邊。日治時代鐵路當局鼓勵大家搭火車赴廟會，車資還能打折計算。如此一來，廟宇的信徒圈擴大了，最厲害的要算是台北城隍和北港媽祖。台北大稻埕城隍廟會那天，火車往北過了新竹就塞不下人了。農曆三月北港「媽祖生」時更瘋狂，不僅縱貫線班班客滿，即使通往北港的糖廠鐵路，不管是載人的、載甘蔗的、載糖包的，只要有輪子的車輛全部出動，連車廂頂上都坐滿香客呢。（黃智偉）

③1901年興建的台北火車站，至今已經改建到第三代的站房了。(莊永明提供)

左圖①淡水最後一班列車紀念車票,1988.(廖吉松提供)　右圖②「永保安康」車票,2000.(鄭麗卿提供)

❶【高雄火車站】 這張照片攝於1941年4月2○日，新的高雄站才剛落成，照片左側的地下道在當時算是新鮮的玩意兒。最初火車站位於哈瑪星，也就是今天的「高雄港站」。1930年代末期，高雄新市鎮在蓬蕎的大港埔建立，車站也就轉移到這裡來。（莊永明提供）

火車到站

　　一世紀以來，台灣各地火車站不知寫真了多少離別的身影，也不知承載了多少人未來的夢想；不論結果是喜是悲是平順，火車站，就像是一個離別和夢想啟程的地方。在大大小小的火車站中，台北車頭上演最多人世悲喜劇，只因台北城燈火繁華，物業興盛，吸引了一代復一代的他鄉異客來此打拚賺頭路。於是台北車頭成為某種象徵，往往是許多電影、流行歌曲故事開始的地方。

　　火車漸漸在起走，再會我的故鄉和親戚，
　　親愛的父母再會吧，鬥陣的朋友告辭啦，
　　阮欲來去台北打拚，聽人講啥物好空的攏在那……
　　台北台北台北車頭到了啦，
　　欲下車的旅客請趕緊下車，頭前是現代的台北車頭，
　　我的理想和希望攏在這，一棟一棟的高樓大廈，
　　不知有住多少像我這款的憨子……
　　──「向前行」歌詞，林強作詞、作曲、主唱，1990

④新竹火車站現為省定古蹟,目前仍在使用中。(莊永明提供,參見p113圖⑨)

火車分等

日治時代，台灣的火車採用同一列車分等制度。頭等車廂不僅有舒適的沙發座椅，還有茶几、小客廳和清潔的廁所。到了1950年代，鐵路局取消分等制度，推出「平等號」客車，宣稱新時代人人平等，不應有別。後來又有光華號、觀光號和自強號等「高級列車」，速度快而票價貴，火車分等制度復活，只不過以前分的是舒適度，現在則是速度。

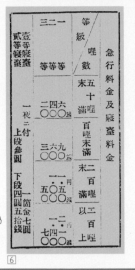

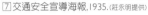

日治時期火車不但有臥車(寢臺)餐車(食堂)，還分一等二等三等，分級搭乘，圖⑤⑥為時刻表及票價表，1935.(遠流資料室)

⑦交通安全宣導海報，1935.(莊永明提供)

⑧平交道安全宣導海報，1950年代.(洪聰益提供)

上圖⑪光華號特快車推出時，標榜不銹鋼柴油新客車，台北至台中僅需2時24分，除隨車餐飲免費供應外，並有代傳電報、電話、限時郵件等服務.(莊永明提供)

右圖⑫民間團體祝賀觀光號列車啓用冷氣的廣告，《中央日報》1963.(遠流資料室)

圖⑨二等車廂漫畫：開往台北的火車二等車廂內，擠滿了豬牛雞鴨糖米，乘客到底在哪裡呢？洪晁明繪，取自《新新》月刊創刊1945.11月.(鄭世璠提供)　右圖⑩三等車廂，鄭世璠繪，油畫，約1948.(鄭世璠提供)

搭車歌

葉俊麟作詞，1950年代末

(一) 台北搭車漸漸宿，
　　仰頭看見鶯歌石：
　　坐在車內一直搖，
　　干擔愛人看沒著。

(二) 鶯歌過了到桃園，
　　附近全是客人庄：
　　離開故鄉心頭酸，
　　離別愛人割心腸。

(三) 桃園攔去到台中，
　　窗外風景真明朗：
　　想起愛人伊笑容，
　　恩愛經過意難忘。

(四) 台中開車到彰化，
　　大佛鎮在八卦山：
　　大佛像阮守孤單，
　　一定了解阮心肝。

(五) 彰化嘉義過了後，
　　古都台南已經到：
　　心內一時亂吵吵，
　　何時給君會透流。

(六) 台南坐到高雄港，
　　逮人落車心茫茫：
　　今日雙人分西東，
　　日後望娘相疼痛。

⑬淡水線不是台灣第一條停駛的鐵路，但卻是第一條停駛前引起民眾注目的鐵路，圖為淡水線最後一天的民眾搶搭熱潮，1988，黃子明攝.

從輕便車到客運車
短程交通的演變

　　輕便車即台車,通常只是一塊木板,下面安裝兩組輪子,木板上放一個木箱充當椅子就成了。木板四角各插一根竹竿,前二根給乘客扶持,苦力則握持後兩根。除了用人力推送,也有張帆用風力,或拿長竹竿如撐篙行舟的。

　　輕便車最早是作軍事用途,縱貫鐵路通車後,各地興起建築輕便路的風潮。輕便鐵路成本低廉,而且可以克服地形的困難,因此在台灣的中北部特別盛行。至於中南部平原地區,則以糖廠鐵路為主。不管是輕便車還是糖廠鐵路,都以火車站為起點,交織成完整的城鄉交通系統。

　　1930年代起,自動車(汽車)逐漸普及。大部分的「輕鐵會社」開始兼營汽車客運。汽車客運每條路線頂多十餘公里,由於橋樑很少,因此限制了路線的擴張。以河流切分出的地理區為單位,慢慢形成一區一會社的割據局面。這就是今天各地「客運公司」的由來。

　　戰後輕便車幾乎絕跡,客運公司經營的汽車路線,與台糖鐵路共同獨占短程交通市場。1960年代中期是糖鐵的高峰,此後路線陸續關閉,直到1982年夏天,最後一條「北港線」也停駛了。不過,即使少了糖鐵的競爭,加上政府的過度保護,地方客運也不是穩賺不賠。因為大眾運輸系統早已被民眾拋棄,家家戶戶都自備摩托車或轎車代步了。
　　　　　　　　(黃智偉)

黃麻木(春田海岸)

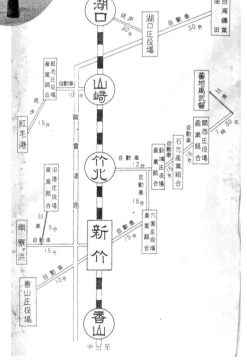

① 台北榮町街道上的左側通行標誌牌,1930年代.
(莊永明提供)

② 新竹州交通路程示意圖,1930年代.(鄭世璠提供)

③ 自動車路線雖和鐵路重疊,但卻多了可以隨處上下車的好處.1930.(中研院社科所提供)

魚骨頭交通系統

　　「運輸學」課本主張:一個最完美的交通系統應該是「層級放射狀」的。從「主要都會」放射到外圍的「地方城鎮」,再由「地方城鎮」放射到鄉村。事實上,台灣並不符合這種理想。由於主要都市南北並列,因此出現貫串主要都市的「縱貫線」。然後以縱貫線為脊椎,各別向東、向西分出支線,聯繫鄉鎮和都市,最後就演變成如圖 ② 般的「魚骨頭狀」交通系統了。

●【綠色隧道】

　　拜汽車廣告之賜,南投縣集集的樟木行道樹成為全台最出名的「綠色隧道」。其實,夾道林蔭是戰前台灣常見的景色,一點兒也不稀奇。當時的公路建設法規,明確訂有行道樹的種植辦法,甚至還有單位專門研究各地適合的樹種。但從1970年代起,台灣的馬路開始拓寬,同時也砍掉已經茁壯的行道樹。公路建設突飛猛進的代價,就是失去綠色隧道。圖為1930年代屏東潮州郡的木麻黃「綠色隧道」。 (莊永明提供)

④ 有屋頂的「頭等」台車很少見,價錢也非一般人所能負擔,還是自備洋傘比較實在,1930年代.

⑤ 新竹客運自動車司機與車掌小姐,當時一般客運車都只有這麼大,坐不下20人,1940年代.

⑨駛往灣裡（台南縣善化）的巴士爆胎了，司機下車打開外胎修補內胎，車子就停在路中央，乘客下車觀看，附近的農家老小也來湊熱鬧，1935，洪孔達攝。

930年代前汽車未普及，城市交通多靠人力，圖為台北市表町（今館前路）。

「三線道」是日治時期台北最寬闊的道路，當時路上通行的車輛不多。

三輪車除了在都市內穿梭，有時也跑附近村鎮當短程的城際交通工具。

交通安全，第一要緊

　　船、車與飛機，平常是交通工具，發生意外時卻是致命的兇器。從現代交通工具問世以來，交通安全問題就一直存在。比如在鐵路附近放牧牛隻，這個在20世紀初曾經存在的嚴重交通安全問題，到了世紀末卻已經帶有古典的浪漫味道了。

　　「交通規則」和流行一樣，不同時代有不同「時尚」。圖⑪是乘坐輕便車的安全宣導，今天輕便車已經絕跡。圖⑬則是宣導「左側通行」的海報，圖中沒有靠左走的自行車「騎士」，慘遭汽車撞及，整個人飛到半空中。靠左走的規矩在戰後跟著「改朝換代」，一律改成「右側通行」。不過，儘管交通規則隨時在變，不變的卻是制裁的辦法──罰錢了事！

⑩1924年交通事故統計表。

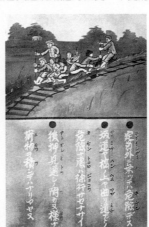

⑪輕便車交通安全宣導海報。

⑫汽車交通安全宣導海報。

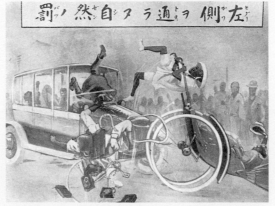

⑬交通安全宣導海報。⑩至⑭均取自《台北州警察衛生展覽會寫真帖》，1926。（中研院社科所提供）

⑭在騎樓下也要左側通行。

天工雄大
前山通後山的道路

把台灣島分爲「東部」和「西部」並不貼切，分成「前山」和「後山」比較實際。像宜蘭雖然位於東部，但和西部的關係比較密切；真正被中央山脈隔絕而自成一小天地的，只有「後山」的花東地區。在1870年代以前，「台灣」這個詞彙所涵蓋的範圍，並不包括後山。直到1874年牡丹社事件以後，清廷才開始經營後山。爲了通往後山，清朝的軍隊奉命開闢了幾條山路。這些羊腸鳥徑開通沒幾年，絕大部分就中斷了。

①自動車行經臨海道大濁水溪（今和平溪）吊橋，1930年代.（莊永明提供）

進入20世紀，台灣總督府爲了貫通前後山的陸路交通，著手興築蘇澳到花蓮之間的「臨海道」。原本只計畫建人行道，車輛不能通行。後來考慮到蘇花鐵路工程浩大，短時間內無法實現，才將臨海道提升爲車行道路。

臨海道完工後，壯麗的風景吸引了不少觀光客，前來體驗如臨深淵的感受。就這樣，臨海道竟成爲台灣第一條「觀光道路」！無獨有偶，第二條通往後山的公路，也以美景聞名，這就是「中橫公路」。

中橫公路由東西兩段構成，東段沿著立霧溪峽谷開闢，西段則濱臨大甲溪谷。在太平洋戰爭時期開工，後因故停頓。到戰後1956年底才又成立施工處，重啓巨工。在榮民弟兄密集施工三年後，於1960年4月全線完工。在北迴鐵路通車之前，中橫公路和蘇花公路，正是花東地區對外聯絡的兩大命脈！（黃智偉）

絕壁三十一里

壯麗的臨海道路聲名遠播，絕壁橫立於太平洋浩淼波濤之上，稱它爲天下奇險一點也不爲過。1930年，第13任台灣總督石塚英藏正式將它命名爲「臨海道」。全線長度100公里，相當於31日里，因此有「絕壁三十一里」之盛名。爲了改善彎道曲率，同時解決落石問題，近年來公路局不斷興建隧道，取代裸露在懸崖上的舊道路。假以時日，「臨海」道將變成「隧山」道！

②行駛臨海道的自動車公司廣告，取自《東台灣展望》，1933.（莊永明提供）

④清水斷崖是臨海道上風景最壯闊的一段，左前方向海外突出的立霧溪沖積扇，亦清晰可見，1930年代.（莊永明提供）

③大太魯閣交通鳥瞰圖（局部），吉田初三郎繪，1935.（莊永明提供）

⑤1940年代花蓮港訓練所隊員在太魯閣一帶開鑿「產金道路」的情景.

中國國民黨黨史會提供

築路中橫

　　中橫公路的作用，不只在溝通前、後山。政府發動這麼浩大的工程，當然有其多重目的。戰前，中橫東段號稱「產金道路」，其目的是為了開發立霧溪的沙金礦。西段則屬於「大甲溪水力發電計畫」的一環。這個發電計畫規模冠於全台，為了建築達見大壩（即今德基水庫），以及上、下游幾個電廠，因此必須建築工程道路。1956年，為了有效利用退伍軍人的勞力，並且將他們安插在深山中的農場，於是再度興工，將未完成的路段完成，這就是著名的「中橫公路」。

⑥中橫通車首日封（局部），1960.
（莊永明提供）

⑦橫貫公路通車紀念戳，1960.
（莊永明提供）

⑧橫貫公路通車紀念郵票，1960.（莊永明提供）

⑨以中橫東段起點：太魯閣入口為圖案的愛國獎券，1968.（蔡進昌提供）

【鬼斧神工開中橫】 立霧溪峽谷的美景，堪稱「神工」。在1956年台灣物資、機具極度缺乏的條件下，只能用炸藥和斧頭開路。遭到強迫退役的軍人（榮民），被放逐到與世隔絕的山上，一斧一鑿地消耗過剩的勞力，是為「斧」。而鑽探技術落後，平添許多冤魂，是為「鬼」。「鬼」、「斧」、「神工」，的確是中部橫貫公路的寫照！

從省道到國道
長途運輸的演進

台灣的中、長程公路交通，以高速公路為最重要。高速公路尚未興建以前，則是依賴省道。

省道系統可以區分為環島和橫貫兩大系統。環島公路雖然奠基於日治時期，但直到日治結束，西部縱貫公路也都還未完成。縱貫公路以外，除了蘇花一段（臨海道）稍具規模外，其他都只是聊備一格。戰後在美援的資助下，1953年西螺大橋通車後，西部縱貫線才算南北貫通。

1950、60年代的公路建設，主要著眼於軍事目

的，例如中橫、中豐（中壢至豐原）、澐密戰道（嘉義澐水至台南密枝）等。1970年代，公路的水準還很落後，當政府宣布興建中山高速公路時，沒有人相信台灣需要第二條高速公路。沒想到，中山高完工不到十年，已淪為世界上最長的停車場（嚴重塞車）。於是政府忙著起建北二高、南二高、中二高、北宜高，但永遠趕不上車輛膨脹的速度。

從十項建設開始，經歷十二項建設、十四項建設，到六年國建。舉國一致地迷信會蓋馬路的政府就是好政府，能夠

② 鄉道里程標示牌，圖為屏東縣轄第73號道路第4公里標示牌，2000，黃智偉攝。

向中央爭取到築路經費的，就是好縣長、好立委。而在家庭中，一個好丈夫、好父親的必要條件，第一是買得起一部車，第二是假日帶家人上路，共襄塞車盛舉！

永遠蓋不完的公路，繁榮了砂石業、水泥業和營造建築業。交通問題尚未解決，又增加了河川問題、環保問題。挖砂石可以蓋新橋，同時可加速舊橋的倒塌，創造興建的需求，這算不算是一種「生生不息」的循環呢？
（黃智偉）

⑤ 行政院前的台北市忠孝東路、中山南路路口圓環，是幾條最重要省道的起點：包括台1線縱貫公路，台2線北濱公路，台3線縱貫山線，台5線北基公路以及台9線北宜公路等。圖像取自1965年空飄大陸傳單。(莊永明提供)

⑥ 從中興新村開往台北的第一部台汽客車，1962。(梁志忠提供)

③ 新舊交通工具，除了速度不同，廢棄物也不同：巴士排廢氣，牛車排糞便，牛糞在以前可是個交通大問題。(莊永明提供)

④ 台北的公路車站(左上)和火車站(右上)，原本集中在同一地點，今天火車和各家客運車站散布在重慶北路、承德路和市民大道旁，彼此距離超過100多公尺，令旅客疲於奔命。至於上圖這個地點，今天卻又變成空曠的綠地，來源同⑤

大道之行，金馬國光？

大道之行也，天下為公？錯！在台灣，大道（主要公路）的路權，向來由政府獨占，民間無由分一杯羹。可以經營「省道」客運的，只有省公路局。久而久之，民眾早就忘記「大道」是社會公器，不是政府之私。早期公路局最有名的巴士是「金馬號」。高速公路通車後，公路局釋出客運業務，成立換湯不換藥的「台灣汽車客運」公司，同時推出「國光號」、「中興號」，繼續占著高速公路路權不放，將民間客運貶為「野雞」。台汽名為公司，實為「衙門」，沒有半點企業精神。2001年台汽終於結束營運，由新成立的「國光客運」接手，與統聯、飛狗、尊龍、豪泰、阿羅哈等民營客運，並駕齊驅。

⑦ 金馬號的標誌，是一匹金色的駿馬，朝向大陸國土奔去其實，這匹馬從未離開台灣。圖為金馬號廣告，取自《中央日報》1961。(遠流資料室)

⑧ 1960年代的金馬號小姐，是當年女孩子最欣羨的工作。(黃芳美提供)

公路標誌

險危　人行心當　車火心小　路叉　路彎險危　道車行目

行先車道幹　童兒心當　無欄柵平交道之近軌道　鐵路平交門柵道　先轉彎右向　道行單

車行自行禁　機踏車汽行禁　行通止禁　叭喇鳴禁　車輪三行禁　轉左止禁

莊永明提供

⑨1960年代的交通號誌一覽表中，叉路，禁行三輪車等標誌，今日早已絕跡.

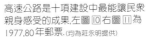

南北高速公路　4.00　中華民國郵票　REPUBLIC OF CHINA

2　中華民國郵票　REPUBLIC OF CHINA　高速公路　山中

高速公路是十項建設中最能讓民眾親身感受的成果,左圖⑩右圖⑪為1977,80年郵票.(均為莊永明提供)

【守株待兔】 1977年的交通警察要抓超速，得守在路邊「手動」測速，和現今的自動照相機不可同日而語。不過，現今的駕駛人為了避免要命的罰單，也使盡各種反測速花招，從車內雷達警示器到汽車牌照隱藏劑，各顯神通，無奇不有。（中國國民黨黨史會提供）

公路交通演進表

步行	挑夫	轎子	牛車	台車	板車	腳踏車	機車	人力車	自動車	三輪車	市公車	縣市客運	公營長途客運	區域貨運	違法長途客運（野雞車）	聯結車	民營長途客運（統聯等）
1900-						1920-30					1950-			1970-			1990-2000
泥土路、輕便軌道						縱貫道路、三線道、市區道路					縱貫公路等省道			高架快速道、高速公路			捷運	

②交流道,名為「交流」,實為隔離.高速公路和快速道路透過交流道,才能區隔出「快人一步」的路權.1994,劉振祥攝於圓山上空.

從公車到捷運
都市交通上軌道

1913年元旦次日，台灣第一條汽車客運路線通車。這條路線從台北市區開到市郊的圓山（當時市區尚未擴及圓山）。不久之後，台北市內已經有公共汽車行駛了。戰前台灣的都市規模都不大，除了台北市以外，市內交通依賴徒步便能解決。即使是台北市，公共汽車的班次也不多，滿載時不過容納十幾人。台北市最寬闊的「三線道路」，只有中間一線是走車的，左右二線都是給行人徒步的。傍晚時分，出來路上散步，呼吸「新鮮」空氣的人，絡繹不絕。因為車少樹多，空氣的確是新鮮的！

①交通警察需要戴的是口罩，而非手套。圖為1965年交通安全手冊.

台灣的都市交通在1960年代開始出問題，第一個發病的就是台北市。台北市區擴張太快，交通擁擠，最糟糕的問題是鐵路平交道。每次平交道柵欄一放下來，行人車輛都動彈不得，連強人蔣介石也不得不讓步。為此，台北市的第一座跨鐵路陸橋，

就在中山北路一段搭建起來，從此領袖由士林官邸前往總統府途中，再也不用等火車了。1968年行政院決定將台北市區鐵路全面高架，但因市議會反對而暫停，繼續以建築陸橋的方式跨越平交道。直到1989年鐵路地下化工程完工，才徹底解決市區平交道的問題。不過至今鐵路只在台北市地下化，其他如高雄、台南等都市，仍繼續為平交道問題所苦。都市交通的另一個問題是塞車。塞車根源於大眾交通系統不善，市民偏好自有車輛，道路拓寬的速度永遠趕不上私家車的成長速度。除非市民願意放棄私家車，改乘大眾交通工具，否則塞車問題永無解決的一天。

有效率的交通工具，必須有專屬路權，「公車專用道」的構想，其實就是基於這個原理。專屬路權的極致，終究要回歸「軌道運輸」。因此，台北市率先於1980年代建築捷運系統，其他大都市也已經規劃完成。畢竟，只有上了軌道，才能讓都市交通「上軌道」！（黃智偉）

②像這樣從車尾上下的公車，早就已經絕跡了，1965，馮國鏘攝.（中央社提供）

③1963年大業巴士開業後，打破了台北市公車獨占市場的局面.（遠流資料室）

搭車上學去

市內交通工具，最大宗的客源便是學生和上班族，也就是「通勤者」。過去在政府的規定之下，所有的通勤交通工具都得發售「定期票」，低價賣給學生。公車月票打5折，台糖火車票更低到0.4折，坐25趟，才等於一張全票的價錢！

⑥台中仁友公車車票，約1970年代.（莊永明提供）

⑦新營客運車票，1975.（陳輝明提供）

④1950-60年代的台北市公共汽車回數票.（莊永明提供）

⑤高雄市公車軍警票，1983.

⑧台北市公車學生月票，1985.

三輪車跑得「慢」，計程車跳表快

人力車、三輪車與計程車，都屬於「經營出租行為」的交通工具，只是使用的工具不同罷了。世紀初都市內以人力車為主，集中在火車站，搭載從車站出來的旅客。隨著市內交通漸趨頻繁，人力車逐脫離火車、汽車站，開始遊走街頭。1950年代初期，大陸撤退來台人口擠進都市，市內交通需求大增，同時「人拉人」的人力車被「踩踏板」的三輪車取代。1968年台北市政府強制所有三輪車夫轉業，從此由計程車「上道」，稱霸大街小巷！

⑨小孩號三輪遊覽車漫畫，林玉山繪，取自《台北文物》，1960年代。(遠流資料室)

⑩松山機場前的排班計程車，取自1965年空飄大陸傳單。(莊永明提供)

⑪計程車招呼站，2000，台北，陳輝明攝。

【中山北路風光】

在日治時期，敕使道（今中山北路）是台北市區往北郊的主要幹道，也是到台灣神社的參拜道路。從這張1959年的照片中，仍可看到馬路被安全島分成三線，這就是所謂的三線道路。在戰前，只有中央一線能行車，在右兩線都是給行人通行用的！只不過，曾在1933年日語歌曲中傳唱的「月色照在三線路」浪漫場景，早被今日淘湧的車流取代。(鄧秀璧攝，中央社提供)

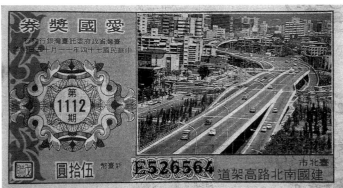

⑫交通動線立體化，是都市發展的必然結果，圖為以建國高架道為圖案的獎券。(莊永明提供)

⑬台灣第一盞紅綠燈是什麼時候啟用的？答案是1940年10月25日！紅綠燈的出現，代表著交通流量已經大到需要用機器來「管制」的地步，從最簡單的紅燈綠燈，到三色燈，多時相號誌燈，行人燈甚至分秒必爭的秒數顯示器，馬路上人車和紅綠燈的競賽，永遠不會休止，圖為台北羅斯福路上的秒數顯示器，2000，陳輝明攝。

⑭大容量車廂，結成長編組列車，再配合密集的班次，才能應付都市內龐大的大眾交通需求，圖為淡水捷運車站，2000，陳輝明攝.

①桃園角板山台車軌道橋,約1930年代.(莊永明提供)

強渡關山
交通工程史話

不管是鐵路或公路,最昂貴的工程就是架橋;完工後最容易毀壞的,也是橋樑。1900年代,拜縱貫鐵路工程之賜,台灣西岸所有的主要河川,架起有史以來的第一座橋樑。1920年代的縱貫公路工程,讓大部分河川有了第二座橋樑,只有濁水溪和高屏溪例外。戰後西螺大橋在美援下終於完工,成為轟動全台的大事。

在西螺大橋完工之前,公路繞道從集集渡過濁水溪。這條濁水大橋,曾是台灣規模最大的吊橋,連卡車都能通行。總之,為了適應各地的不同狀況,台灣島上有了鐵橋、水泥橋、石拱橋和吊橋。

1970年代起,台灣島內交通工程開始膨脹,到1990年代的「六年國建」達於氾濫。台灣各地的大橋,已經多得讓人數不清。橋越來越多,特色越來越少,幾乎清一色為水泥橋。因此,長得稍微不一樣的關渡大橋、南二高斜張橋,就能聲名大噪。

建築的技術有進步,但老化損壞的速度更快!世界「第一長橋」不可能出現在台灣,「第一長危橋」倒有可能。

古今中外,橋樑一直是技術文明的象徵。從古代羅馬的「水道橋」,到今日美國舊金山的「金門大橋」,橋樑不僅是「地標」,更是「認同」!但今天台灣的橋樑已經夠多了,卻很難找到一座在技術、結構或者造型上,能夠凝聚認同,讓百姓引以為傲的橋。(黃智偉)

⬆【雙層吊橋】 自南投水里通往東埔的道路,是日治時期攀登玉山的必經之路。登山客乘坐輕便車到東埔,會先經過這座令人印象深刻的「龍神橋」,下層是台車鐵軌,上層供行人穿越。過橋後,帝國第一高峰「新高山」便映入眼簾。(取自《台灣鐵道旅行案內》,遠流資料室)

②橫跨淡水河,連接台北市與三重的台北橋,橋欄杆為台北市市徽圖案,約1920年代.(莊永明提供)

④明治橋在圓山橫跨基隆河,第二代明治橋為混凝土拱橋結構,約1920年代.(簡義雄提供) 右上角圖③則是第一代鐵橋.(莊永明提供)

⑤西螺大橋完工前,下淡水溪(高屏溪)鐵橋穩坐全台第一長橋寶座,為聯絡高雄與屏東的要衝,取自《高雄州行啓紀念寫真帖》,1924.(國圖台灣分館提供)

⑤上有人行吊橋、下有牛車過河的景觀，是1960年代的台灣鄉間常見的景致。圖為花蓮美崙溪吊橋，駱香林攝。(邱榮華提供)

⑦西螺大橋的鋼樑材料來自美援，橋面西側鋪設的鐵軌，是台糖「南北平行預備線」(台糖鐵路縱貫線)鐵路，形成汽車和台糖小火車一起過橋的有趣畫面，相信還有很多駕駛人記得，1958，秦炳炎攝。(中央社提供)

澎湖跨海大橋通車紀念
60.3.26 澎湖

中沙大橋落成紀念
中華民國郵票 6 REPUBLIC OF CHINA

關渡大橋

⑧澎湖跨海大橋紀念戳，1971.(遠流資料室)　⑨中沙大橋郵票，1987.(莊永明提供)

⑩關渡大橋紀念戳，1988.(莊永明提供)

入山出山隧道行

和橋樑一樣，隧道也是重要的交通工程。台灣第一座隧道，是完成於1891年的「獅球嶺隧道」，也是清代唯一的隧道，現在已經列為三級古蹟。到了20世紀上半，台灣所有的大隧道都是鐵路隧道，公路隧道極少，長度也不超過100公尺。在北迴鐵路興工前的半個世紀內，宜蘭線鐵路的「草嶺隧道」一直是台灣最長的隧道。從北迴鐵路開始，隧道工程進入新的紀元，隧道一座接著一座貫通。南迴鐵路的「中央隧道」，甚至把中央山脈鑿穿一個洞來。志得意滿的工程界，打洞打紅了眼，一股腦兒投入北宜高速公路的「坪林隧道」。這座隧道通過惡劣的地層，而且湧水問題嚴重，施工期間災變頻傳。短時間內，北宜高速公路不可能通車。至於蘇花高速公路，不妨看作偉大的「夢想」，在夢中或許能實現吧！

愛國獎券 第1127期 D593782
壹拾伍圓
壯麗雄偉的永福橋和水管橋

⑪以台北縣市永福橋，水管橋為圖案的愛國獎券，1986.(莊永明提供)

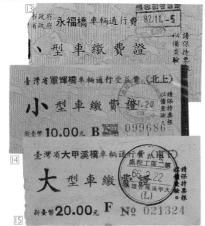

永福橋車輛通行費 82.11.-5
八型車繳費證

臺灣省軍輝橋車輛通行受益費 (北上)
小型車繳費證 10.00元 B 099686

臺灣省大甲溪橋車輛通行費 (南下)
大型車繳費證 20.00元 F No 021324

⑫高屏溪上的南二高大橋名叫「斜張橋」，其實「斜張」橋跟「拱」橋、「吊」橋一樣，都是工程結構的名稱，2000，黃智偉攝.

過橋收費是1970-80年代常見的事，圖為⑬永福橋過橋費收據，1993.(莊永明提供)　⑭嘉義軍輝橋過橋費收據，1981.(蔡進昌提供)　⑮台中大甲溪橋過橋費收據，1977.(蔡進昌提供)

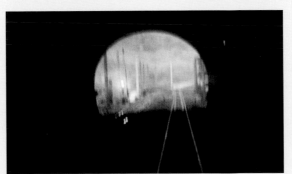

⑯縱貫鐵路「穿」山越嶺，圖為八堵隧道風光，1998，小川攝.

① 在1900年代,淡水河舟楫便利,可以一路溯溪到大漢溪中游的大溪港,把當地盛產的茶葉運載至大稻埕加工,圖為大溪岸邊的貨船。(國圖台灣分館提供)

在歷史的水面行舟
日治時期內河航運與新舊港口

中國有句俗話「南船北馬」,放在閩、浙、台灣就不適用。台灣的內陸交通既不用馬,也少行船。早期陸路交通主要靠步行,牛車只能短距離行駛,馬更是稀有動物,難得一見。至於水運,有些沿著海岸通行,有些循河川上溯內陸,也因為吃水極淺,都是以竹筏和舢舨為主,真正的「船」很少見。堪稱為船的,大概只有「戎克」。戎克是英文JUNK的音譯,意指中國式平底帆船。在台灣,戎克船多半用在跨越台灣海峽的航運上。

台灣內陸可以航行的河道,除了北部的淡水河外,都集中在大肚溪以南。中、北部的河川水流湍急,石灘又多,幾乎沒有航運價值。雖然航道又少又短,但許多重要的城鎮都在河邊,而且往往正是水陸轉運的碼頭,例如艋舺、大溪、北港、北斗、鹽水、麻豆等都是。

進入20世紀,由於鐵路交通突飛猛進,內河航運的地位一落千丈。一旦鐵路完工,附近的貨源就全被吸走,河川的航運遂乏人問津。不過,真正致命的打擊是水利工程。從1920年代陸續興築的灌溉設施,在中、上游攔截河水,導致河川水位下降,連竹筏都難以通行。

繼灌溉溝渠之後,還有水力發電、水庫建築等工程,河床上只剩下涓涓細流。此外,鐵公路橋樑一座一座架起,在橋墩的限制下,船隻更難通行。最後,河邊豎起高牆(堤防),並且越蓋越密、越蓋越高。終於,河上行舟成為歷史。 (黃智偉)

② 1900-20年代的重要河港大稻埕的各洋行旗幟。(台北市文獻會提供)

③ 從新莊郡(今三重、新莊一帶)遠望淡水河對岸的大稻埕碼頭,此岸堤防尚未興築,岸邊蹲著的粗工頭繫布巾,是當時工人的典型裝扮,約1900年代,來源同①

④ 寬闊的淡水河口,原本連輪船都可出入,全台也只有這條河曾有如此風光,圖為八里淡水河上的貨輪,1940.(蘇文魁提供)

舊時台灣的舟船簡陋。即使是噸位最大的戎客船,也因平底構造,就算退潮擱淺灘頭也無妨。圖左起為⑤馬公港,1930年代.⑥新竹海邊的戎克船,約1910年代.⑦台南運河,1930年代.(均為簡義雄提供)

無往不利的竹筏

台灣河川水淺灘多,颱風或豪雨過後,流路往往改變。在這樣的惡劣條件之下,吃水較深的船隻根本無法通行,但竹筏卻能游刃而有餘。福佬話稱竹筏為「排仔」,頗為傳神。因為竹筏就是用竹竿平行並排,然後綁緊固定就成了。

竹筏不僅通行於內河,連沿岸航行都常常採用。特別是大肚溪口以南的海岸,外海有許多南北向的沙洲,近海又多潟湖。只要一根竹竿做篙,就能讓竹筏在沙洲與海岸線之間的淺水上行駛。舉例來說,要從烏日運貨去西螺,最好的辦法不是走陸路,而是用竹筏順大肚溪而下,出海後左轉,沿著海岸南行,遇到濁水溪口左轉,然後溯溪至西螺渡頭卸貨。就算不幸擱淺,也只要「排夫」下船,合力將竹筏抬過去就好。竹筏強大的「越野」功能,使它得以稱霸水面!

⑧邵族人使用獨木舟在日月潭上航行.(簡義雄提供)

⑨竹筏為1900-30年代台灣內河航運的主力,筏上通常備有圓形木桶,可以防止衣服行李被水打溼,此圖木桶內坐著的是日本「警察大人」.(簡義雄提供)

⑩從19世紀以來,輕巧的戎克船在台灣海峽多變的巨浪中行駛自如,往往令西方殖民帝國的船隻驚嘆不已,此圖約攝於1920年代.(莊永明提供)

⑪花蓮港在日治時代才開港,圖為1931年港口開工時的夜間慶典場面,開啓了「裝載檜木砂糖的船隻,出帆太平洋,暗紅的天空布滿晚霞,遠方的碼頭燈影搖曳」的航運風光.(引文取自《東台灣展望》)(邱榮華提供)

❶【駁船‧巨輪‧台東港】 嚴格說起來,台東不算港口,只是「駁錨地」。這裡既無碼頭,也沒有防波堤,船隻必須在距離海岸數十公尺處下錨,由岸邊派出駁船接送旅客和貨物。海邊風高浪大,坐駁船比雲霄飛車還刺激。初次經歷風浪的旅客,大多嚇得面無血色,衣服和行李也不免濡濕。(1930年代,簡義雄提供)

大船入港
南北二大港

20世紀台灣的港口唯基隆港、高雄港馬首是瞻。清代著名的安平（一府）、鹿港（二鹿）、淡水等港，在20世紀初迅速沒落。到了1920年代，兩大港已獨占台灣輸出入總額的95％。基隆港更成爲日本與台灣聯繫的門戶，比高雄港更爲突出。

基隆港之所以風光，和「母國」脫不了關係。清代最風光的港口是安平，原因無他，因爲這是台灣首府台南與母國（清國）交通的對口。清末台灣的首府從台南遷到台北，兩岸的對口港也轉移到淡水，造就淡水港的黃金年代。1895年改朝換代後，雖然台北仍是首府，但與母國（日本）交通的對口則變成基隆。此後超過半個世紀，台灣的港口由基隆獨領風騷！

基隆港自1899年開始築港，四年之後第一期計畫完工，可以容納3,000噸級的輪船進港。九年後高雄港相繼完工，也是具有3,000噸規模的大港。1930年代末期，在南進、工業化的呼聲中，高雄港逐漸能與基隆平起平坐。

戰後基隆港腹地狹小，都市無法擴張，附近也少有工業。高雄港則不但鄰近新興的大都會，附近又有好幾個加工出口區，更有造船、煉鋼、石化等重工業。1966年高雄加工出口區成立，高雄港已完全壓倒基隆！高雄港成功的例子，各地都想仿效。十大建設在台中和蘇澳建立「國際港」，目的也在帶動附近區域工業的起飛。結果是台中港慘澹經營十多年後，勉強有起色，蘇澳港則是徹底失敗！

20世紀末的台灣，產業轉型升級的前途未卜。過去加工出口的模式已不可行，政府信誓旦旦的「境外轉運中心」，是否真能成功，尚在未定之天！台灣港口的未來，且讓我們拭目以待！（黃智偉）

①1907年開始進行第一期築港工程的高雄港,在1920年代已成為台灣第二大港,圖為碼頭景觀,取自《高雄州行啓紀念寫真帖》,1924.(國圖台灣分館提供)

橋棧隆基
Pier of Keelung Harbour, Formosa.

❶【基隆港邊，啓行東洋】 日治時期的基隆港，好比現在的中正國際機場，是進出台灣的門戶。碼頭邊的客、貨輪船，抵達和出發的時間都和火車配合，以便旅客及貨物的轉運。有時大船入港，卸下的貨物太多，鐵路局還得加開臨時列車輸運呢！圖爲基隆碼頭邊的京東丸客貨輪，往返於台、日之間。（莊永明提供）

②帶有新藝術裝飾風格的基隆郵船會社明信片,約1930年代.(莊永明提供)

台灣航路案內

□③日治時代的台灣航線以台、日航線為主。圖為台灣航路明信片集上標示的航路圖。(洪聰益提供)
□④日本殖民政府眼中帝國最南端的鵝鑾鼻燈塔,是台灣海峽進出南中國海的樞紐。(莊永明提供)

臺東丸　愛國丸　淡水丸　福岡丸　文商船會社定期船廣告　宮嶋丸　威海丸　橫濱丸　二郵船會社定期船帆廣告

□⑤1896年5月,日、台定期航線開通。圖為1900年台灣最大的二家船公司的航班廣告,取自《台灣日日新報》。(遠流資料室)

五湖通四海,地球繞著跑

1895年日本治台後,立刻開闢台日間定期航線。當時主要的船公司是日本郵船和大阪商船,航線由總督府指定,並受政府補助。1930年代,台灣對外航線已很發達,不僅可前往日韓,也可直達中國的大連、天津、福州、廈門、廣州、香港等地,甚至馬尼拉、雅加達,也都不必轉船一趟解決。戰後,台灣對外客運改以航空為主,從海港出入的,只剩下報了稅的貨物。直到20世紀末麗星郵輪汽笛響起,台灣人終於又能搭輪船出海了,不過此番旅行的目的已非遠行,而是休閒度假了!

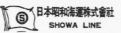
□⑨招商局標誌,取自《中央日報》,1964 (遠流資料室)

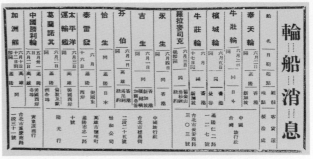
□⑩大阪商船從戰前開到戰後。圖為1957年廣告。(遠流資料室)

□⑪1949年台灣、中國二地的定期航班廣告。(遠流資料室)

你的貨物需要有最迅速・最安全・最廉費托運到歐洲嗎?

MARCHESSINI LINES　SHOWA LINE　HYOGO MARINE　TOYO SHIPPING CO., LTD
□⑫基隆船務公司各國海運社的標誌,取自《中央日報》,1966.(遠流資料室)

□⑥日治時代台灣原住民「高砂族」同名稱的高砂丸,是大阪商船在1937年的最新豪華郵輪,總噸數9,315噸,超過1924年開航的9,205噸,同為行駛基隆、神戶之間的巨輪。上圖⑥為高砂丸外觀。(遠流資料室)下圖⑦為陳設高雅而現代話的船上頭等艙。(莊永明提供)

□高千穗丸是太平洋戰爭期間被美軍魚雷擊沉的眾多日本商船之一,當時船上乘客多為由日本返鄉的台灣人,「鐵達尼號」的罹難者為達1,500人,這次罹難的死傷人數不亞於此數目,可說是悲慘的「台灣鐵達尼」事件。圖為高千穗丸風景明信片。(莊永明提供)

蘇澳「國際港」

名列1970年代「十項建設」之一的蘇澳國際港,也算是一個「台灣奇蹟」。完工30年了,少有船隻進港。和一旁人聲鼎沸的南方澳漁港相較,形成強烈的對比。港口邊偌大的鐵路車場,也從來沒有火車造訪。這個港口讓台灣老百姓充分了解了「政府的決心與魄力」。

□⑬

□⑬⑭高雄港過港隧道啟用郵票與紀念首日封圖案,1985.(莊永明提供)

□⑮蘇澳港郵票,1977.(莊永明提供)

□⑯台中港郵票,1977.(莊永明提供)

□⑰貨運是現今海運的大宗。圖為陽明海運貨櫃船「興民輪」,其航線從亞洲至歐洲,行經鹿特丹,漢堡等城市,2000.(陽明海運提供)

凌雲駕霧
台灣天空紀事

台灣的民用航空事業始於1930年代,當時的航線很少,國際班次主要飛往日本。戰後初期,美國西北、泛美、香港(國泰前身)等航空公司來台建立西雅圖、東京、馬尼拉、曼谷、香港等地航線。但在開放觀光政策實施前,台灣人搭乘國際航線的機會少,以留學或考察洽公為主。

至1979年中正機場落成、入出境管制鬆綁,國際航線才熱絡起來。20世紀末,台灣已與多數亞洲城市、美加、歐洲主要空運中心、澳紐等地建立直飛航線。但最繁忙的航線仍是香港澳門、美國西岸的洛杉磯與日本東京等地。飛航台灣的國際航空公司約有20餘家,我國籍有華航、長榮、復興、遠東、立榮、華信等。

國內航線,日治時代建立的環島航線(台北-台中-台南-屏東-台東-花蓮),在戰後一度消沈,只有隨政府遷台的「民用航空隊」,經營台北飛往台中、台南、馬公的航線。1951年第一家「純」民營的復興航空成立,經營國內航線。之後1957年遠東航空公司、1959

年中華航空公司成立。其中華航在政府的刻意扶植之下,從小機隊發展成台灣最大的航空公司,長時間背負著在國際天空上飄揚國旗的使命,直至近年才改為梅花標誌。

之後大華、台灣、永興等公司也陸續成立,但規模不大。在民間強大的壓力下,1987年政府終於開放航權,同意新設航空公司與航線。既有的航空公司也紛紛改組,添購新機,展開國內航線天空爭霸戰。馬公、中亞、長榮三家新公司也加入。1995年底中亞改組為瑞聯,1998年長榮所屬的立榮航空成立,合併馬公、大華、台灣等公司。20世紀末的台灣天空,共有華航、長榮、遠東、立榮、復興、華信等家集團型航空公司,繼續飛航。(黃智偉)

①日治時期飛航台灣與日本之間的飛機,機鼻上有日本航空公司的標誌,取自《風光台灣》,1933.(遠流資料室)右圖②台北試航紀念戳,1934.(莊永明提供)

⬆【台灣天空上的第一架飛機】 1914年3月2日,台北練兵場(今青年公園)聚集了約3萬5千人,上午10時37分,台灣人終於第一次在天頂看見鳥仔以外的「物件」,那就是日本飛行士野島銀藏特別來台所作的飛行表演,雖然飛行高度僅一百公尺,時間也只有四分鐘,卻點燃了一陣航空熱,在1920、30年代先後誕生了謝文達、楊清溪等台灣航空先驅。(意圖工作室提供)

③台灣第一位飛行員謝文達曾以在東京高空散發傳單的方式為台灣議會請願運動團打氣,他的飛行事業被寫進了台灣民族運動史,圖為1920年他在座機木製螺旋槳旁留影。(莊永明提供)

④台灣第一位空難飛行員楊清溪,於1934年10月17日在台北展開鄉土訪問飛行表演時,和台灣民主運動人士楊肇嘉合影,他們身後的「高雄號」是楊家出售十甲地籌足二千日圓購得,是台灣第一架私人飛機,同年11月,楊清溪不幸墜機喪生於此次全台各地的飛行表演活動中.(莊永明提供)

飛虎雄風，民航空運隊

民航空運隊的前身，就是赫赫有名的「飛虎隊」，由美國陳納德將軍主持。二次大戰期間，飛虎隊曾於中國戰區重創日軍。戰後飛虎隊改組為「民用航空隊」（簡稱CAT）。表面上從「老虎」變成「貓」，事實上仍配合蔣介石政府的軍事運補。國民政府遷台初期，CAT是唯一的一支民航機隊。1955年民航空運隊改組為公司，經營國內外航線，至1975年公司股東「美國太平洋公司」決議宣布解散。

⑤民航空運隊的翠華號飛機明信片.(莊永明提供)

⑨松山機場的遠東航空公司空服員合影,約1960年代.(遠東航空公司提供)

⑥民航空運隊航線廣告,取自《中央日報》,1950年代.(遠流資料室)

⑦民航空運隊宮燈造型廣告,來源同⑥

⑧民航空運隊廣告,取自《自由談》,1956.(吳興文提供)

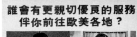

上圖⑬受限於台灣的國際外交困境,日航成立日亞航飛航台灣.右圖⑫為1960-70年代日航廣告.(⑪莊永明提供⑫遠流資料室)

左圖⑩西北航空「創新低價美國行」的廣告,取自《自由談》,1956.(吳興文提供)

航空郵票,1950年代.(莊永明提供)

⑭在出國觀光還沒開放的年代,一般人很少有機會坐飛機,想看飛機,可到機場買看台票,圖為台北航空站看台票.(莊永明提供)

⑮1970年華航開闢台美航線(台北松山至美國舊金山)時所發行的紀念首日封.(莊永明提供)
⑯飛機嵌圖為華航飛機.(莊永明提供)

⑰台北-紐約-阿姆斯特丹華航環球航線首航紀念戳,1984.(莊永明提供)

⑱台北-維也納長榮首航紀念戳,1991.(莊永明提供)

至戒嚴時代,拍這種中正國際機場的鳥照片是要抓去坐牢的.當時飛機起飛時,空服員會要求旅客將窗簾拉下,不准窺伺「軍事機密」.圖約1990年代初期,丁榮生攝.

腳踏車篇

機車篇

比一比,看誰快——交通工具大觀

【圖片說明】 [1]1890年代揹夫揹傳教士渡河情景.(莊永明提供) [2]1890年代台東地區牛車隊.(國圖台灣分館提供) [3]輕鐵公司廣告,1913.(遠流資料室) [4]日治時期小南門前的轎夫.(莊永明提供) [5]台北中興橋上的三輪車,1950年代.(沈聰益提供) [6]流籠,1973,埔里,徐仁修攝.[7]三井腳踏車,1935.(遠流資料室) [8]磨電燈.(莊永明提供) [9][10]1960年代自行車.(遠流資料室) [11]日治時期小腳姑娘與腳踏車(傳文化公司提供) [12]嘉義車站前的機車,1930年代.(莊永明提供) [13]豐牌機車,約1950年代.(莊永明提供) [14]鈴木機車,1967.(遠流資料室) [15]「小綿羊」機車,2000.(陳秀梅提供) [16]三輪車牌 [17][22]腳踏車牌 [18][19]牛車牌 [20]拼裝車牌 [21]機車牌(均為1950-70年代)[16][19]沈聰益提供)[17][21]莊永明提供)[20]黃智偉提供)[22]陳進福提供) [23]聯邦自動車,1931. [24]雪佛蘭汽車,1935.(遠流資料室)[25][26][28][29]1950-60年代汽車、輪胎 [27]約1940年代的蘭陽巴士.[23]至[31]台北228紀念館提供)[30][32]至[35]1960-2000各式貨車.[31]1940年代貨車.(遠流資料室) [37]騰雲第1號蒸汽機車 [36][38][39][40]蒸汽機車 [41]光華號柴油客車 [42]柴電機車 [43]電聯車 [44]電力機車,取自「中國鐵路創建百年紀念」文宣品,1981.(莊永明提供)

【汽車】 日文叫火車為「汽車」,「汽」指的是蒸汽機,和輪船稱為汽船的道理一樣。因此,日治時期台灣人稱鐵軌上跑的為「汽車」,不叫火車。有趣的是,戰後大家改說國語,汽車卻專指在公路上跑的內燃車輛了。

【孔明車】 腳踏車的閩南俗稱。日治時代腳踏車剛出現時,因奇特又便利,被大眾視為珍稀寶貝,認為是像孔明那樣聰明的人發明的,便稱孔明車。而跨騎鐵製車身的腳踏車跑得像馬一樣快,又叫做「鐵馬」。

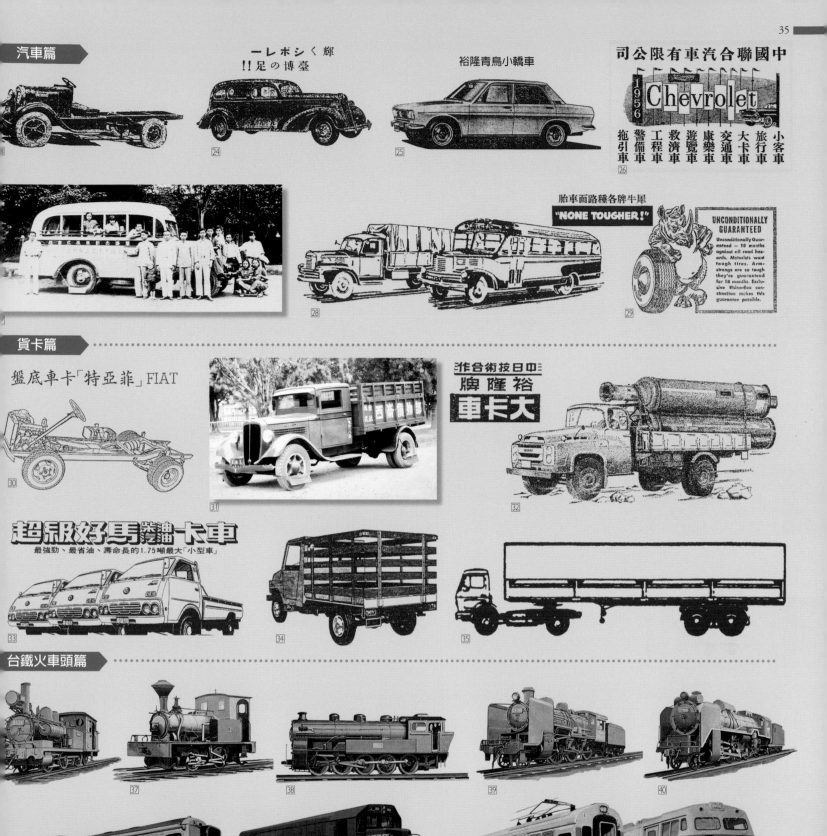

汽車篇

輝くシボレー
臺博の足!!

裕隆青鳥小轎車

中國聯合汽車有限公司
1956 Chevrolet
小客車　旅行車　大卡車　交通車　康樂車　遊覽車　救濟車　工程車　警備車　拖引車

犀牛牌各種路面輪胎
"NONE TOUGHER!"
UNCONDITIONALLY GUARANTEED
Unconditionally Guaranteed — 18 months against all road hazards. Motorists want tough tires. Armstrongs are so tough they're guaranteed for 18 months. Exclusive Rhino-flex construction makes this guarantee possible.

貨卡篇

卡車盤底「菲亞特」FIAT

中日技術合作
裕隆牌
大卡車

超級好馬　裝汽油卡車
最強勁、最省油、壽命長的1.75噸最大「小型車」

台鐵火車頭篇

「蔣經國牌」拼裝車】
牛車、犁仔卡、三輪至十不等之一切組裝車輛都叫裝車，雖是農村運輸主力，卻始終不被公路局承認，也沒有牌照，禁止行駛一般公路。十項建設時，蔣經國下鄉視察，遭業者攔轎申冤，總統遂承諾將拼裝車合法化。1976年省政府乃開放「臨時牌照」，但只核發一次。因此，這些稀有的牌照便被稱為「蔣經國牌」。各縣的牌照形式都不同，可以說連牌照都充滿「拼裝」味兒！

【摸摸手】古時土匪攔路搶劫，過往行旅得放下「買路財」，才能通行。高速公路通車後，收費站堂而皇之索取買路財。不少駕駛人繳費時，順便摸摸收費小姐的手，因此有人便給收費站取個渾名為「摸摸手」。

【野雞車】早期中長程路權由省公路局獨占，不准民間經營。不過，違法經營的巴士仍然存在，俗稱為「野雞仔」。高速公路通車後，野雞車更加猖獗。1990年代中期路權開放後，至今大多數的野雞車都已合法了。

【自強號】台灣最快的火車稱為「自強號」。可別以為這麼八股的名稱是鐵路局自己想出來的，其實不然。當年鐵路電氣化後所推出的這種特快車，其命名還是經過民眾踴躍投稿，最後才選出「自強號」這個名稱的呢！

遊山 遊水
遊台灣

這一個世紀，你活過多少歲月？
這一塊土地，你走過多少山水？
山水會變，人的興趣與偏好更會變。於是，我們看到熱門景點的時移地換，也看到熱門旅遊方式的世代交替。從日治時期登山家與學者「登頂新高山」的狂熱，到1927年《台灣日日新報》號稱三億六千萬張選票的「台灣新八景」全民票選；從1960年代東京奧運與駐越美軍掀起台灣觀光大潮，到1970年代國民旅遊的熱火全面延燒；從1980跟著政治開放的腳步，到1990年代百花齊放的自助自決，海外、大陸、戰地、原鄉、離島一一解禁；寶島的山水風景，有著百年點滴的趣味光景。

底圖：淡水沙崙海水浴場的泳裝美女。（1948,張才攝,相關主題見p50-51）
左頁小圖：黃昏時分小人國裡的小女孩。（1990,鄧惠恩攝,相關主題見p58-59）

台灣旅行一百年

劉克襄 自由作家

「旅行」這個字的功能，在台灣
大概是在 1910 年代，才開始被逐漸地實踐。
走到 20 世紀末，台灣從沒有比這時更充滿旅行的嘉年華會氣氛，
旅行迅速地把台灣帶到全世界各地，也把整個地球帶回台灣。

走向旅行之路

1908 年，從清朝就開始修築的鐵路，已經能從基隆暢通到高雄，台北到淡水的支線鐵路已營運多時，阿里山鐵路也修築成功。到了 1920 年代以後，各地還有綿密如蛛網的台車輕便鐵道，聯絡著城鄉之間的交通，汽車與公共汽車也逐漸在馬路上出現。台灣人漸漸地擺脫了 19 世紀的徒步、坐轎與乘牛車等舊時的運輸方式。新的交通工具帶來嶄新的旅遊視野。譬如，在台灣旅居八年的美籍台灣通戴維生(James W. Davidson)，在 20 世紀初就特別興奮地報導著，如何搭乘淡水支線火車，遊玩圓山、士林和北投等風景名勝。他預言，這條路線未來將充滿旅遊的商機活力。

這時能夠遊玩山水的人逐漸增多，儘管仍以日本統治階層和社會賢達為主，不過一種時代的旅遊品味已悄然出現，有些風景區和名勝、史蹟紀念物被形塑成新的旅遊地標，諸如阿里山、草山（今陽明山）、烏來、碧潭、角板山和赤崁樓等地。1940 年代總督府出版的日文旅遊指南《台灣鐵道旅行案內》（自 1920 年代中期開始即每年增訂出版），不僅大力推薦這些景點，還完整地蒐集了台灣各地的風土鄉情以及交通狀況，扎實的編輯內容，反映了當時的旅遊已相當便利。這本 20 世紀上半期台灣最重要的旅遊指南，不論介紹的旅遊地點，或者提供的旅遊資料和方法，直到 1970 年代以前，仍是值得參考的台灣旅遊手冊。

太平洋戰爭結束後，1945 至 47 年間大陸來台人士對隔離在海上的台灣充滿好奇，一段小小的旅遊熱潮曾經出現。當時，不少中文的旅遊指南出版，但這些書多半是台灣地理物產和交通概要之介紹，缺少實用性，內容實無法和《台灣鐵道旅行案內》相比。不過，以大陸人士的眼光來書寫的中文旅遊，逐漸成為我們日後認識台灣的重要媒介。

1947 年以後，由於 228 事變以及國共內戰等政治因素，旅行的條件不若戰前，反而添增了更多的禁忌。彼時提倡觀光事業，會被認為是只知遊山玩水、不能共體國艱，有違「國策」。再加上物質困塞，旅遊的熱潮便消退了。在一些以大陸來台作家為主的中文旅遊作品裡，我們看到過去的重要景點依舊存在，但不少當時興建的重要建設和中華文物，諸如橫貫公路、石門水庫、中橫福壽山農場，或是故宮、圓山飯店等，在政府鼓吹，或個人政治正確的前提下，不斷地出現在報導裡。這是一個苦澀而節儉的旅行時期。北部人能夠前往太魯閣，南部人能夠到陽明山，都是生命中的大事。旅行變得奢侈而珍貴，連中文旅遊指南都少有出版。

無煙囪工業興起

從旅行的觀點來看，1970 年代是一個微妙而諷刺的年代，它呈現兩個明顯的趨勢。

一方面，日本觀光客和來台休假的美軍官兵成為台灣旅行的要角。經濟闊裕的日本觀光客，和駐紮在東南亞的美軍人員，藉著地利之便，帶著「返鄉」或「遊玩」的度假心境，大舉進出台灣。一些旅遊服務的相關行業，諸如旅行社、大飯店如雨後春筍般出現。東南、大華、歐亞等旅行社在日本、香港和台北都設有辦事處。從營運的分布地點，可看出當時服務的對象和前往的目的地。而華華、永安、國賓、華南和太平洋等知名大飯店，多半集中在火車站、中山北路和北投附近，更可清楚看到消費對象和區域。當時台灣最好的幾本旅遊指南，幾乎都

是日文的，而且是彩色的版本，而同時台灣的中文旅遊指南還是黑白印製。

針對外國人來台的旅遊熱，交通部觀光局對外出版的《台灣旅遊指南》（1974 年版）驕傲地提到：「……台灣在亞洲太平洋地區各國觀光旅客的成長指數比較已躍居第一位，僅次於新加坡而凌駕於日本、泰國之上，這一項能大量吸收外匯的『無煙囪的工業』能有突出的進展是一件可喜之事，如著眼四放，在這種優美環境的條件之下，大力發展觀光事業，開拓四境海灘，美化高山湖潭，廣修道路疏通河川，並以中華五千年文物提供建設參考，確是一個亞洲最具優越條件的觀光勝地。」

然而，官方的旅遊指南雖然精美，卻難正經八百，介紹的景點一如早年。相較起來，一些民間出版的英、日文旅遊指南就有不同，它們會較著墨於一些色情相關業的場所，如北投、華西街和中山北路的報導和介紹，彷彿那兒是台灣的全部。

另一方面，努力想購買機車、冰箱和電視機的台灣人，開始有較為充裕的時間，就像 1920 年代以後的台灣人那樣，再次實踐短程的旅遊活動。

國民旅遊風

1972 年，一個和旅遊相關的星星之火點燃了。台灣的街坊書店和書攤紛紛擺出南華出版社印行的口袋大小、單色印刷的旅遊手冊《台灣公路旅行指南》。這本書裡面並無景區的描述，主要是交通路線、各地加油站住宿地點的詳細介紹。由於它的實用性相高，只要 20 元，一時之間暢銷無比。為何這本小書受到如此的歡迎？原來，日文旅遊指南價錢昂貴，不易買到；再者，當時市

也缺乏旅遊指南。這本書的作者還特別提到，過去因做生意常在外面跑，但因缺乏指南，經常浪費時間在找地方，遂有編輯這本道路指南的動機。

這本小書成為日後其他旅遊書籍走向實用性的指標。同時，它的熱賣亦展現旅遊風氣的到來。事實上，那時的大環境也逐漸形成一個更大的旅遊網路。十大建設裡幾個交通建設，諸如高速公路、鐵路電氣化、中正機場、北迴鐵路等，都對旅遊有著直接的影響。這些交通建設都在1980年代到來之前逐一完成，催生了過去不曾有過的國民旅遊熱潮，全然取代了日本觀光客和美軍的離去。不過，這些新興交通建設的完成，也嚴重地衝擊了許多景點。不少過去的旅遊景點和路線正在沒落，尤其是省道台一線和台三線上的風景區，都從一時的繁華逐漸轉趨沈寂；像北埔、大溪、通霄、關西和三義等小鎮，或者如獅頭山、八卦山、鐵砧山、春秋閣等舊式名勝風景區，亦逐漸被年輕一代的旅遊者所遺忘。

相對的，更多新型態的旅遊內容出現了。它們試著開闢新路線，引領我們嘗試新的休閒方式，諸如花園、農場、俱樂部和度假村等。這類結合休閒、觀光、遊樂的風景區，在各地林立，旅遊業試著企圖結合都會和田園生活，塑造多樣化的旅遊形式。

1980年代初始，新類型的旅遊書籍再度提醒我們，另一個旅遊世界的到來。專出旅遊指南的渡假出版社，推出一系列相關的手冊，包括出國旅行、登山健行、公路交通、渡假外出和五大都市詳圖。於是，一個年輕人，想要騎著單車或是野狼125機車環遊台灣的旅遊方式，變得容易了。這在1970年代之前相當少見，原因即在於缺乏好的交通旅遊手冊。慢慢的，1970年代寒暑假盛行的救國團自強活動逐漸退潮，取而代之的是騎機車世代的年輕人，以及獨立自主的旅遊精神。此後渡假、戶外生活、經緯等出版社，相當程度地引導了國內旅遊的走向。旅遊指南開始邁入通俗化，並且有各種迎合大眾旅遊的出版類型出現，諸如「汽車旅遊」、「機車旅遊」和「最佳露營」等。

1980年代中期還有一個更大的外在影響。短短兩年間，陽明山、太魯閣、玉山、雪霸等四個國家公園，緊隨墾丁之後紛紛成立。它們的匆促成立並非單純地為了生態保育，多少亦是配合休閒旅遊時代的到來。不久，在開放國外觀光的政策下，國內旅遊亦相對熱絡。另一個影響日後旅遊風氣的消費現象亦發生，諸如許多便利商店、卡拉OK、土雞城和釣蝦場，在受到民眾的喜愛和接受之後，紛紛出現於重要的國家公園和風景區周圍，它們讓台灣的旅遊很便利、很娛樂，但也很揮霍。

在這個階段的國內旅遊經驗裡，許多人搭乘遊覽車，不管是在台灣的哪裡，車上多半有豬哥亮的訪問秀，下了車則有休息站、土產店或台式快餐店等消費場所。在國外觀光的內容，則充滿台灣經濟奇蹟的諷刺，shopping、嫖妓和饕餮，都成為外人對台灣觀光客的負面形象。這種旅遊品質也成為當時知識分子最常探討、分析的休閒文化現象。

旅遊嘉年華

但同時，另一個可喜的旅遊面向也出現了，比如自助旅行的盛行。年輕的女性可以像1970年代的三毛一樣，單身跑到世界任何角落。同時，戶外探險也變成熱門的地理活動，胡榮華的騎單車環繞世界，或是四壯士徒步地球的活動，都拉高了我們對旅遊正面的看待。只可惜，這些聲音都過於薄弱而微小，只如浪花般起落。

1990年代，知性旅遊出現了。遠流出版公司以《三峽》、《淡水》為旅遊主題的「深度旅遊系列」，開始實踐另一種旅遊的可能。這些書把旅遊精緻化，將老街、古蹟和自然生態等人文內容，轉化為淺顯的、大眾能夠接受的旅遊知識。這種知性旅遊的面向，逐漸地成為各地鄉鎮文史工作室和生態團體仿效的目標，他們都試著以在地的視野，調整1970年代以後暴發戶式的旅遊方式。

由於經濟穩定、持續富裕，國外旅遊的經驗亦持續擴增，再藉著1980年代的旅遊經驗，台灣人慢慢地在旅遊上學習追求品質。藝術之旅、生態之旅和歷史之旅，逐漸地成為旅行社和旅遊團促銷的主題。坊間各類旅遊經典書籍的出現，和國外旅遊的中文指南大量出版，更有推波助瀾的功能。和旅遊相關的單位也舉辦各類「旅遊文學」的獎項和座談，藉此推動旅遊風氣，並多方界定旅遊的意義。

走到20世紀末，台灣從沒有比這時更充滿旅行的嘉年華會氣氛。如同經濟奇蹟般的台灣式旅行，迅速地把台灣帶到全世界各地，也把整個地球帶回台灣。我們的眼前有一個世界最大的mall。

台灣八景比一比
日治時代台灣名勝掠影

發現台灣之美，洋人只會驚呼福爾摩沙，中國騷人墨客卻高明多多，他們懂得用「八景」「十勝」之類的雅稱來製造氣氛。

早在清朝康熙時的1680年代，《台灣府志》就出現了「台灣八景」的描繪。之後，淡水廳四景、諸羅縣六景、鳳山縣八景紛紛出爐。

1895年台灣割日，政權移轉初期的動亂，也許讓人暫時忘了旅遊的存在，但在一番鎮壓與建設後，到了昭和時期（1926年後），林場開放、溫泉蒸騰、交通OK，遊山玩水的雅興，再度被喚醒。

1927年6月，《台灣日日新報》以全民（日、台）票選的方式發出徵求「台灣新八景」的呼聲。

這項提議立即引起回響，再加上地方官員有意藉此推銷本鄉本鎮的名勝，以獲取較多的建設經費，還發起組織性的動員力量惠賜不止一票。在這種強力運作下，30天的活動期間，竟然湧進三億六千多萬張票。8月底，新的台灣八景出爐，而且還帶著兩個「特選」（別格）與「十二勝」。

八景：鵝鑾鼻、八仙山、太魯閣峽、淡水、壽山、阿里山、日月潭、基隆旭岡。

十二勝：八卦山、草山北投、角板山、太平山、大里簡、大溪、霧社、虎頭埤、獅頭山、新店碧潭、五指山、旗山。

別格：神域——台灣神社、靈峰——新高山。

這份名單，沒有安平港赤嵌樓、沒有媽祖宮祖師廟，卻夠讓我們看到殖民統治下既有遊趣又有名氣的標竿在哪裡。（岳國介）

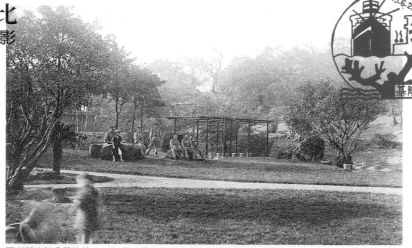

①基隆高砂公園建於1913年，為市民休閒而建，可眺望市景及港灣。(莊永明提供)

②基隆風景戳，有「大船入港」的氣勢，基隆取代淡水後，躍然成為台灣北部的第一大港，1938.（莊永明提供）

③南庄獅頭山風景戳，有佛教聖地獅頭山及中港溪，1932，鹽月桃甫繪.（莊永明提供）

④新竹車站風景戳，古為平埔族竹塹社，新竹，「竹」是象之物，柑橘則是新州盛產的水果，1938.（莊永明提供）

⑤台中公園雙亭前的仕女，取自《日本殖民地史》，1944.（莊永明提供）

⑥嘉義車站風景戳，北回歸線標塔是嘉義地標，阿里山林業資源，也是「嘉義之光」，1938.（莊永明提供）

⑦1932年7月，台灣總督府曾經發行一套風景戳，包括了未入選八景卻廣受歡迎的北港，鹽月桃甫繪（莊永明提供）

①【台中公園印象】 1903年3月，台中仕紳募了七千多日圓，在占地26,140坪的基地上興建台中園，同年10月20日開放。1908年西部縱貫鐵路全通車，大典就在台中公園舉行。10月24日，皇親臣、仕紳等貴賓共1,300多人齊聚盛會，當夜還有眼奪目的提燈遊行，從此點亮了台中公園的百年遊盛事。此風景明信片約於1930年代發行。（莊永明提供）

⑧遊阿里山，順道看看嘉義北回歸線標塔，也是一種知性收穫.（莊永明提供）

⑨八卦山上的北白川宮能久親王紀念碑，取自《風光台灣》，1939.（遠流資料室）

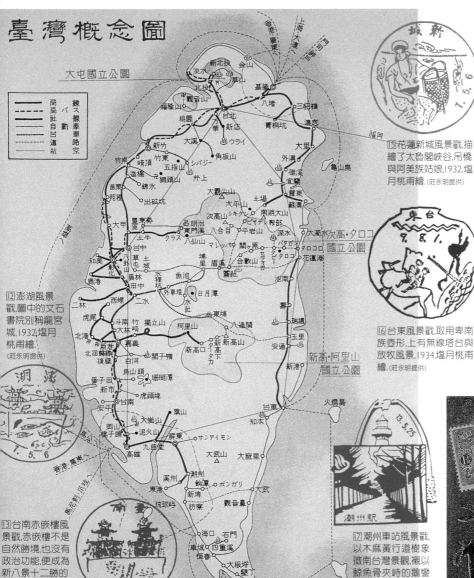

南台灣第一風光——鵝鑾鼻

車行兼營旅遊業由來已久。從圖⑲這張1930年代專營鵝鑾鼻旅遊路線的汽車公司廣告可以發現,日治時代的旅遊業已相當活躍,不僅招攬本地民眾,連內地旅客(日本本國)也一併包辦,且看它的廣告文案:「鵝鑾鼻!帝國最南端的鵝鑾鼻!是台灣八景第一景,我們的汽車將帶您途經潮州車站直達鵝鑾鼻。本公司有十多輛高級出租汽車,為高雄州第一,行車路線長度也是台灣第一。除了包租車輛,本公司還提供代客聯絡日本國際旅行團體來台遊覽觀光的服務,團體另享特別優待!探訪鵝鑾鼻絕景,乘坐本公司的高級汽車是您的最佳選擇!」

⑩宜蘭郡大觀明信片集封面,約1930年代.(李高雄提供)

⑪走訪太平山前,先到礁溪溫泉泡湯,約1930年代.(莊永明提供)

臺灣概念圖

⑮花蓮新城風景戳,描繪了太魯閣峽谷、吊橋與阿美族姑娘,1932,塩月桃甫繪.(莊永明提供)

⑯台東風景戳,取用卑南族壺形,上有無線塔台與放牧風景,1934,塩月桃甫繪.(莊永明提供)

⑫澎湖風景戳,圖中的文石書院別稱龍宮城,1932,塩月桃甫繪.(莊永明提供)

⑱鵝鑾鼻風景戳,描繪了燈塔與大尖山,巴士海峽上的鯨魚群,1932.(莊永明提供)

⑲以鵝鑾鼻魅力做號召的車行廣告,1930.(中研院社科所提供)

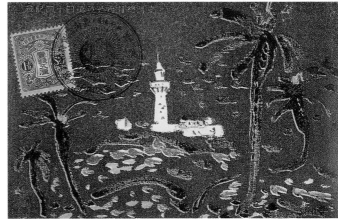

⑳鵝鑾鼻明信片是始政第40回紀念明信片之一,1935,塩月桃甫繪.(莊永明提供)

⑬台南赤嵌樓風景戳,赤嵌樓不是自然勝境,也沒有政治功能,便成為新八景十二勝的遺珠,1932,塩月桃甫繪.(莊永明提供)

⑰潮州車站風景戳,以木麻黃行道樹象徵南台灣景觀,襯以鯨魚骨夾時的鵝鑾.紅頭嶼燈塔,1938.(莊永明提供)

⑭台灣概念圖,新的「八景」與「十二勝」都在圖上,取自《風光台灣》,1939.(遠流資料室)

㉑安平燈塔雖未選進「新八景」,仍是重要景點,約1930年代.(莊永明提供)

㉒旗山公園風景明信片,旗山,也是新的「十二勝」之一,約1930年代.(莊永明提供)

㉓高雄車站風景戳,從壽山下望各型船隻在港灣內穿梭,象徵不斷進步的高雄港,永遠「向前行」,1938.(莊永明提供)

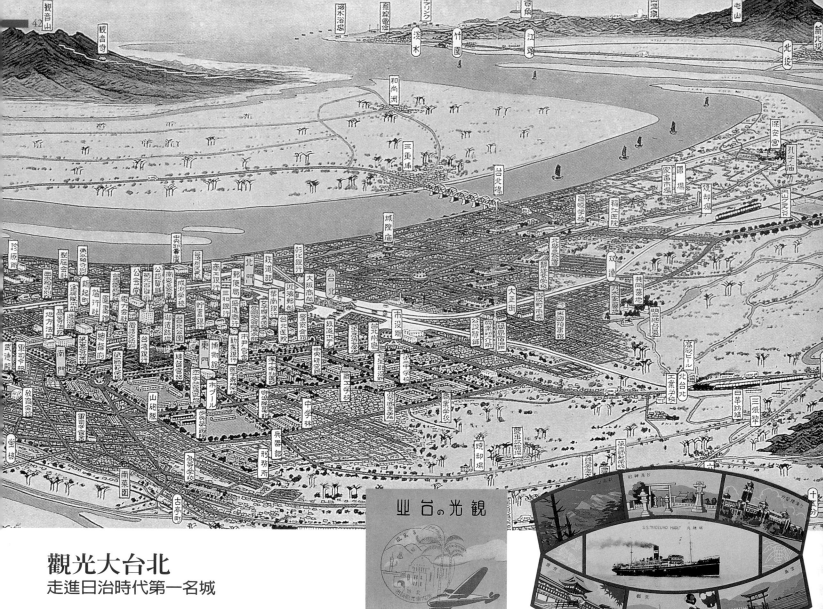

觀光大台北
走進日治時代第一名城

在殖民時代，旅遊魅力最高的城市，通常都由政治權力最高的城市兼任。

日治時代，台北就是。

台北有最寬闊的綠帶大道。被拆掉的老城牆，變身成東南西北四條「三線路」，路寬40米，中央兩塊安全島樹影搖曳、綠蔭扶疏，最美麗的東線（今中山南路）還贏得「東方小巴黎」的雅號。

台北有等級最高的「台灣神社」（現在圓山飯店的位置），高官顯爵三不五時就會造訪，平民百姓也必須心響往之。此外，高聳市區、堂皇氣派的總督府，也是遊人瞻仰之處。

台北有三座「人遊人愛」的公園。圓山公園裡有動物園，當時的動物明星是隻名叫「太郎」的狒狒，大人小孩不論看猴子或被猴子看都會一樣很快樂；新公園和植物園散步賞花，知性感性隨你高興。

要逛街，榮町號稱「台北銀座」，大稻埕與艋舺的「台灣人街」也各有風情。看電影，別以為電影街是現代的時髦，大正年間（1912年以後），西門町的「映畫座」就已經不止四、五家了。白天如果玩不夠，晚上也可夜遊，但不必秉燭即能行樂，因為台北在1905年就裝電燈了。1916年的大正街（今長安東路一帶），已是「電光如熾，光同白晝」。

都市繁華後，歌樓舞榭也一家一家競豔，太平町（今延平北路）一帶鶯聲燕語，江山樓名垂千古，蓬萊閣、東薈芳各領風騷。

台北好玩嗎？還沒說到郊區呢！（岳國介）

① 台灣總督府、公會堂、草山溫泉是觀光台北的重點,1937.（莊永明提供）

② 台北風景戳,以航空初闢年代的台灣總督府為圖案,1938.（莊永明提供）

③ 台灣總督府常是台北風景戳的主角,1932.（莊永明提供）

④ 在殖民體制鞏固的1930年代,日本政府大力鼓吹台、日二地的旅遊風潮,瑞穗丸即為當時台日間的觀光客輪。（莊永明提供）

台北銀座：榮町

日治時期最熱鬧的城市是台北，台北最熱鬧的地段是號稱「台北銀座」的榮町。榮町，就在今天的衡陽路一帶。清領時期，這裡是台北城內最繁華的商業區「西門街」。台北實施市街改正後，於1914年拓寬道路，傳統店面改成西洋文藝復興式的建築立面，它們還都保留了「亭仔腳」的空間，讓逛街的人即使下雨也easy。

這一帶有台灣第一家百貨公司（1932年開店）兼當時商業用第一高樓（7層）的菊元百貨，有第一流書店的「新高堂」（現在的東方出版社），各式各樣的餐廳、商店櫛比鱗次，即使是西洋式的咖啡店與酒吧，也不缺席。

⑤ 榮町明信片,圖左建物是現在的正中書局,約1930年代。（莊永明提供）

⑥新公園鳥瞰,台北新公園1899年起建,八年後完工,為區別已有的圓山公園而稱新公園.(莊永明提供)

⑦新公園遊客,約1940.(徐仁修提供)

⑧台北新公園內的後藤新平塑像,塑像樹立於1906年,日本敗退後,底座保留,塑像換成了時鐘與擴音器.1995年,這個位置矗立起228紀念碑,當年威風的塑像,連底座都不見了.(莊永明提供)

⑨萬華風景戳,以龍山寺和淡水河畔的遊船為圖案.1938.(莊永明提供)

❶【台北市大觀鳥瞰圖】 台北市是台灣第一個現代化城市,除了密集有序的市街道路、住宅商鋪外,還有都市之肺——公園,與遊樂場所——動物園、兒童樂園等因應現代城市生活的規畫,再加上象徵日本帝國精神的台灣總督府與台灣神社,襄台北市成為島內觀光與遊台人士的第一目標。(金子常光繪,1933,莊永明提供)

⑪板橋林家花園遊園小舟,取自《台灣寫真帖》,約1930年代.(莊永明提供)

⑫以碧潭為圖案的新店風景戳,1934.(莊永明提供)

⑬烏來風景戳,瀑布,吊橋,溫泉,泰雅姑娘,構成了烏來的仙境風光,約1930年代.(莊永明提供)

❷1935年官方舉辦「始政40周年紀念台灣博覽會」,板橋林家花園也特別開放參觀,圖為嘉義新巷庄(今新港)居民在參觀博覽會後遊覽林家花園的紀念照.(李魁俊提供)

① 圓山明治橋風景,明治橋為台灣神社附屬工程,過了橋就是台灣神社,1935.(參見p26圖3,4,莊永明提供)

② 從圓山公園前廣場(今兒童育樂中心)遠望台灣神社,約1930年代.(顏義雄提供)

↑【皇子與庶民皆來朝拜】 走過鳥居、走過一路爬升的參拜道,日本第一座在海外興建的官幣大社(由皇室支付祭典費用的最高階神社)──台灣神社總是人潮不絕,皇太子要來參拜、官員與軍人要來參拜,平民百姓也來湊個熱鬧。

北郊遊蹤
日治時代台灣神社參拜與溫泉鄉風光

台北市內很好玩,城郊的風景勝地更是多。

沿著鐵路縱貫線往西南方向走,跨過新店溪,有號稱北台第一名園的板橋林家花園。另外,經過古亭町往南邊走,可抵達在日治「新十二勝」榜上有名的消暑勝地新店碧潭。

往北走,劍潭山上矗立著日治時代台灣地區位格最高的「台灣神社」。神社於1901年設立,奉祀著1895年指揮占領軍登陸台灣,立下「征台大功」的近衛師團長──北白川宮能久親王。台灣神社可說是「大日本帝國」對台實施殖民統治的精神支柱與象徵。因此,皇太子與皇族親王到台灣,必定上山參拜;軍公教大小官員,也要上山參拜;社會賢達、名家顯貴為之不絕於途;老百姓則不知是喜歡此處登高望遠的開闊美景,還是「見賢思齊」的情操起了作用,總之,他們也常上山參拜。

北邊稍遠有草山(今陽明山)和北投,這裡是日本人最愛的泡湯勝地。公共浴場、溫泉旅社任遊客選擇,優良的泉質造就出名聞遐邇的溫泉鄉,商機無限的溫泉鄉再變成色慾蒸騰的溫柔鄉。

再往北走可以搭乘淡水線火車到淡水。淡江夕照漁火醉人,洋樓洋館的異國情調,揉雜著台式傳統街屋的風情已經夠令人眼花撩亂;更何況還有秀麗的觀音山、巍巍的紅毛城!(岳國介)

③草山風景明信片.(簡義雄提供) 嵌圖④草山風景戳以知名的溫泉旅館聚樂園為圖案.(莊永明提供)

⑤完成於1913年的北投公共溫泉浴場,帶動了周邊溫泉旅館的設立.約1930年代.(莊永明提供)

⑥採和洋折衷建築風的北投公共溫泉浴場內景.約1940年代初.(莊永明提供)

⑨新北投旅遊參考點鳥瞰圖(局部),圖上標示出當年溫泉鄉的著名旅店.約1930年代,繪者不詳.(劉峰松提供)

台灣溫泉鄉風光

　　台灣多溫泉,日本人愛泡湯,兩個加起來,造就了台灣溫泉鄉處處風光。

　　1895年日本開始殖民台灣,1896年大阪人平田源吾就在北投開了「天狗庵」溫泉旅館。1913年6月第一個公共溫泉浴場在北投開放,緊接著在12月,台南關仔嶺溫泉浴場也落成完工。從南到北、自西而東,好湯、名湯蒸騰登場,北投、陽明山、關仔嶺與四重溪更有日治時期「四大名湯」之稱。除了這四大名湯之外,今天發熱發燙的烏來、谷關、東埔、礁溪、紅葉、知本……等溫泉勝地,也都是從日治時代就開始風光無限好了。

⑦新北投車站風景戳,新北投成了溫泉後,也成了不夜的溫柔鄉,1938.(莊永明提供)

⑩台灣八景之一的淡水港,自從基隆港取代其商機後,成為騷人墨客流連忘返之地.約1930年代.(莊永明提供)

⑧日治時期北投溫泉區內旅館及各式咖啡、餐飲店的廣告.(洪聰益提供)

⑪淡水河口風景,右方洋樓為20世紀初期,代理殼牌石油的淡水富商黃東茂所建豪宅.(莊永明提供)

台灣有個阿里山
山林勝地寫真

地質學家說，台灣山岳每年升高半公分。對登山家與遊山客來說，台灣山岳卻是一年比一年低矮。原本是「高不可攀」的它們，如今不論五岳三尖，幾乎都「人盡可登」。

山林迷人，高峻的山林尤其迷人。這就難怪日本人才剛剛在1895年領有台灣，翌年，就已經迫不及待的登上寶島第一高峰玉山，發現它比日本老家的富士山還要高上兩百多公尺，於是「登新高山」成為世紀初期台灣最熱的山林之旅。只是，當年那些以調查、測繪為主要目的的登山先進，做夢也不會想到，1984年肢障者已經可以在距離玉山主峰一步之遙的排雲山莊前面欣賞雲海，一年後更有視障者成功登頂。

踏查、百岳、縱走、橫斷、會師……這些普羅級的登山活動，固然讓山林人氣逐年蒸騰；日出、雲海、星空、森林、神木、鐵道、溫泉、紅葉……這些休閒型的山林遊賞，恐怕更是百年來森林旅遊的主流。戰前，阿里山、八仙山和太平山等三大林場躋身八景十二勝；戰後，森林遊樂區取代伐木，成為林務局的新科搖錢樹。

尤其是阿里山。

1896年發現阿里山→1906年發現大神木→1912年森林鐵道通車→1918年林鐵開始載客，「阿里山五奇」的魅力從此一年一年向更高的尖峰推升。1980年公路通車後，原本由登山鐵道把守的大門洞開，阿里山也因此在旅遊排行榜上成了冠軍常客。

1950年代遭雷擊後已成枯木的神木，終於在1998年放倒。1999年，921大地震後，登山鐵道與公路柔腸寸斷。但很快的，當春風吹暖櫻花的笑靨，遊客的腳步便又重新拾起對阿里山的舊愛，這，算不算阿里山的「第六奇」？（岳國介）

① 成功登上玉山主峰的年輕遊客,1941.取自《玉山回首》.（劉楊羅提供）

② 鹿林山莊戳,1922.（莊永明提供）

③ 水裡坑車站風景戳,登山杖和木杆分別代表玉山的入山口和日月潭的前哨站,1938.（莊永明提供）

④ 台灣繪葉書（明信片集）山岳篇,約1930年代.（莊永明提供）

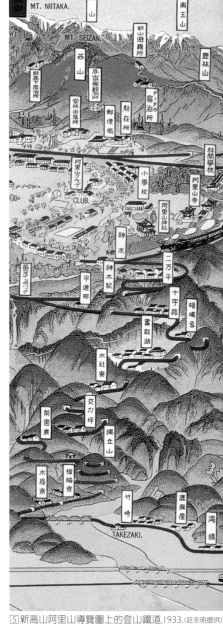
⑤ 新高山阿里山導覽圖上的登山鐵道,1933.（莊永明提供）

⑥ 1937年,台灣總督府將玉山劃為國立公園,圖為玉山嶙岩削峭的景觀,取自《台灣國立公園寫真帖》,1939.（莊永明提供）

南湖大山

南湖大山是日治時期台北州、台中州和花蓮港廳的交界，北邊不遠即是三大林場之一的太平山。拜太平山林場之賜，前往南湖大山的交通非常便利，因此深得山友寵愛。攀登南湖大山的起點位於「匹亞南」鞍部，山友可從宜蘭先到這裡紮營，第二天一早再出發攻頂，日落前便可返回營地，是一條困難度不高的路線。圖中帳篷所在地便是匹亞南鞍部，為蘭陽溪和大甲溪的分水嶺，也是中央山脈和雪山山脈的分界。戰後，中橫宜蘭支線穿過這裡，改名為「思源埡口」。

⑦ 南湖大山上紮營,取自《台灣國立公園寫真帖》,1939.（莊永明提供）

台灣處處是寶山,圖為從次高山(今雪山)山頂遠望中央尖山時一片山巒起伏、雲海綿延的情景,來源同 6 (莊永明提供)

火車靠站,向小販買個鐵路便當,一直以來,是長途火車旅客的獨享回憶,搭乘阿里山小火車一路蜿蜒曲折上山的記憶行囊中,當然也少不了那熱騰騰的火車便當,約1940年代.(台北228紀念館提供)

11.1.1

11 阿里山神社參拜戳,1922.(遠流資料室)

11.1.1

12 阿里山登山紀念戳,1922.(遠流資料室)

10 阿里山神木從1906年被發現以來,就成為阿里山的象徵,圖為1940年代明信片.(莊永明提供)

❶【霧中風景】 濃霧合攏,遠方森林的身影漸漸模糊,若非幾株粗壯魁梧的巨木依稀可辨,整個阿里山恐怕就要變成白茫茫的世界了。神木是阿里山之旅的必到之處,歷年來不知有多少遊客和這三千年的巨靈合影留念過。神木於1950年代遭到雷擊後,便以人爲方式支撐,直到1998年爲了順應自然及維護遊客安全等因素,才將之放倒;霧中神木的聳拔身影,從此成爲絕響。(1948,鄧秀璧攝、中央社提供)

原鄉風景
原住民「祕境」行旅

旅行做為一種樂趣，一大部分源自「新視野的擴張」。前往原住民部落的旅遊風潮，也泰半因此而興。不同的衣食、不同的言語、不同的歌舞、不一樣的祭典，原住民部落無論是大社會或小細節，沒有一個視野不新；更何況還有奇絕秀麗的山與海、明豔甘甜的花和果，和讓人大呼過癮的泡湯樂趣！

於是，日治時期，日月潭、太魯閣入選八景，角板山、霧社與竹東五指山名列十二勝；1980年代國民旅遊的風潮興起後，花蓮、台東的旅遊指南不斷再版。

千萬不要把「原鄉」和「山地」畫上一個100%的等號，花蓮、台東的阿美族與卑南族部落絕大部分生活在平地，達悟族（以

前稱為雅美族）的蘭嶼，更是東南西北皆汪洋。「山胞」一詞，不從文化觀點爭議，光從地理分布的事實，早就應該退休。

早期的原鄉旅遊，玩的看的體驗的，多半還是自然的——自然的大海高崗、自然的溫泉風光，甚至連原住民的特異風俗，也儘量走「文化學習」的路，玩的看的體驗的，是他們的原汁原味。

但漸漸地，「原味」被析離了出來，成為商業炒作的原生材料。祭典樂舞不再是法天禮地的儀式，而是不分時令地點都可搬演的「山地歌舞秀」；弓箭、織繡、雕刻、野荣烹飪也不是日常生活，而是「山地藝品」與「山地美食」。於是，原鄉旅行的文化學習精神，變質了，原住民與平地人的衝突，多起來了。

1990年代，尊重原住民主體性的意識大幅覺醒。但願，就此成為「健康遊原鄉」風氣的先聲，迴盪很久、很久、很久……
（岳國介）

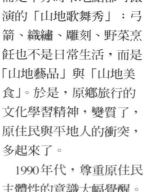

山阻谷絕再猛，不如法令管制的兇

大江在前，我們買舟放流，行到水窮，我們捨舟開步，高山險阻，我們攀藤緣繩；遇上法令管制，我們束手無策、裹足難前。

20世紀，行旅台灣原鄉相當不便。日本政府不讓「蕃人」出來，國民政府不准漢人進去。日本人先沿用清朝的隘勇線進行圍堵，後來實施「旅行取締」，沒有路條，甭想出來。國民政府的入山管制，則讓平地人經常望「原」興嘆，直到1987年解嚴後，才見放寬。

⑤蕃人旅行取締公告，取自《台北州警察衛生展覽會寫真帖》，1926。

①角板山郵戳，山尖如角，地平若板，角板山美麗的山光有大料崁溪的水色來相襯，1934，塩月桃甫繪。（莊永明提供）

③對日本殖民統治者來說，日月潭邵族杵歌，演出了絕妙的台灣「異國」風情，連《台灣全名勝寫真帖》的封面也都以它為主角。（台北228紀念館提供）

②彩色角板山，以「蕃界」之「秘」來引人入勝，約1940年代初。（莊永明提供）

⑥霧社櫻花與奏著口簧琴的泰雅族少女，約1930年代。（梁志忠提供）

④日月潭風景。（莊永明提供）

添立人將軍招待美軍顧問團參觀屏東三地門的原住民歌舞表演,約1950年代,羅超群攝.

❶【和毛王爺合照】 1950-60年代遊覽過日月潭的人,多半會和「毛王爺」照張相。毛王爺姓毛,卻不是什麼王爺,因為邵族只有首領,沒有王爺;甚至,這位漢名叫做毛孝信的傳奇人物,也不是邵族的首領,王爺之名,是當年的總統蔣介石製造出來的。1949年老蔣總統到日月潭,毛孝信率領族人到碼頭迎接,老蔣便以為他是酋長,往後眾人便開始叫他王爺,毛孝信從此聲名大噪。這張照片除了毛王爺(圖中最高大者),還有大公主(王爺左邊)、二公主(王爺右二)呢!(羅超群提供)

⑧木船,飛魚,達悟族人的原鄉蘭嶼,四面皆海,沒有「山地」同胞,1988,顏水龍油畫作品.(顏千峰提供)

⑨花蓮阿美族豐年祭現場,表演者與觀光客熱鬧蒸騰,1948,鄧秀璧攝.(中央社提供)

人工勝景快樂園
動物園、遊樂園與玩水樂園

許多事情，人力不一定勝天，觀光遊覽的樂趣，倒是大可製造。植物園、動物園、遊樂園、觀光農園、主題花園……沾上一個園，快樂在眼前！

人工樂園五花八門；有的提供機械遊樂（如圓山兒童樂園、劍湖山等）；有的標榜科學啟發（如台中科博館、高雄科工館、小叮噹科學園等）；有的帶你進入虛擬實境（如星際碼頭、魔幻嘉年華等）；有的專攻水上活動（如大同水上樂園、八仙樂園等）；有的複製族群聚落的殊異風情（如九族文化村、台灣民俗村等）；有的讓你體驗田園之樂（如田尾公路花園、卓蘭觀光果園等）；有的靠水族向你的荷包招手（如國立海洋生物博物館、台北海洋館等）；有的請動物扮演

□人氣王林旺磨牙，1950年代.(莊永明提供)

人氣吸塵機（如ㄅㄆㄇ猴園、鳳凰谷鳥園等）。以前最常登上觀光局熱門風景區排行冠軍的，是台北市立動物園。打從圓山時代，它就是每個孩子夢寐以求的最佳旅遊去處。珍禽異獸讓人大開眼界，假日節慶還有動物表演。1983年過年時，山羊媽媽生下一對小羊咩咩，就叫作「大年」與「初一」！後來保育觀念興起，籠子不該是動物的家，於是，1979年，台灣第一座野生動物園六福村也誕生了。

地跨亞熱帶與熱帶的台灣，「炎夏尋涼」是全民運動，海水浴場與玩水樂園，當然也就全台遍布。沙岸地形的西部，海水浴場從北到南一路連綿；岩石為主的東岸，擠出磯崎和杉原浴場；離島澎湖玩水樂園不缺，業者也硬是

□日治時代的圓山動物園，約1930年代.(台北市文獻會提供)

③生態保育概念興起，不看籠子裡的動物，六福村野生動物園就這樣誕生了，1997,岳國介攝.

④來自澳洲昆士蘭的無尾熊趕上20世紀最後一班車，立刻搶走林旺長期以來的風采，2000,岳國介攝.

開了蒔裡與吉貝兩個浴場。1990年代末期，新穎的水世界與水療館繼起風潮、四處衝激，只要你涼，市場就熱。（岳國介）

……夏…夏…酷暑…水…水…海水……

「夏…夏…酷暑…水…海水」，這是1930年代基隆一家叫做「快樂園」的浴場所作的廣告標題，把台灣的盛夏炎陽與清涼海水之間的對比，鮮活地表達出來，充分說明了海水浴場在台灣地景風情中扮演的角色。

海水浴場可不是只有海水讓你洗澡而已，「快樂園」的廣告裡就說它們還有可以容納數百人的和室大會堂，以及提供溫泉浴、鹽水浴、淡水浴的大浴場，娛樂場還提供全台灣唯一的旋轉木馬與可聽「千里遠」的收音機，食堂師傅的手藝，還媲美東京的廚師呢！夠猛吧！

另一個避暑勝地——淡水，則有「愛水」浴場，標榜採蛤「解禁」，歡迎自由採拾，增添玩樂趣味。

不論是海水還是愛水，從戰前到戰後，從台灣頭到台灣尾，風景綺麗、女郎俏麗的浴場只多不少，追逐清涼的戲水人潮也始終洶湧澎湃，不同的只是弄潮兒的時髦艷容如何競吐風華，附屬娛樂設施的奇技異巧如何隨著不斷來臨的新時代翻新翻紅吧。

⑤海水浴場可以浴海浴日，也有機會請眼睛吃冰淇淋，圖為淡水沙崙海水浴場，1948,張才攝.

⑥一樣在海水浴場，和左圖⑤的露背美女對照，這兩位通曉海水浴場的長衫仕女，讓我們看到日治時期的保守含蓄.(莊永明提供)

❶【兒童天堂】 飛，飛，飛上天！轉，轉，轉圈圈！
這是1935年「始政40周年紀念台灣博覽會」的臨時遊樂
場飛機，雖然只是讓線牽著兜圈，但是有翅膀有尾翼有完
整的造型，已足夠讓小孩開心。博覽會真好玩，大人歡歡
喜喜參觀，小孩快快樂樂飛天！(國圖台灣分館提供)

南寮兒童汽車遊樂場,取自《新竹州要覽》,1937.(國圖台灣分館提供)

⑧1950年代台北中山橋下的兒童育樂中心
有迷你馬可以騎。(陳得時提供)

⑨烏來雲仙樂園
廣告,取自《中央
日報》,1968.
(遠流資料室)

圓山兒童樂園的飛行器,門一閂好,大家就上升飛行巡遊！1976.(高作珮提供)

對消暑解熱的渴求,打響了⑪大同(右,1970年代初,莊永明提供)、⑫八仙(上,2000/八仙樂園提供)兩個水上樂園的名氣.

臥遊導遊
書海遨遊
旅遊出版品大集合

　　指南類的書，是導遊；遊記類的書，是臥遊。

　　導遊與臥遊、指南與遊記之間，很難分出使用順序上的先後，就像先有雞或先有蛋一樣，一個旅人有時是先讀了遊記，興起出遊念頭，才採買指南、依樣上路；有時卻是先按指南出遊歸來，才展讀別人所寫的遊記兩相印證。但是從這兩類的出版數量，卻約略可以看出一個年代的旅行風氣與能力。旅遊能力不足、風氣不盛的年代，那些導引人們「實踐旅行」的指南，一時無甚用武之地，數量自然稀少。對旅行心嚮往之而身不能至的人，轉而寄情於「替代旅行」的遊記。於是相對於指南，它們可就是多數族群了。

　　印證於台灣旅遊類出版品的百年沿革，也和這個現象符合。

　　台灣總督府於1920年代出版《台灣鐵道案內》之類的旅遊指南，在1930年代，則因規劃國立公園而出版許多相關的宣導刊物和攝影集。1950年代隨著戰火初熄，台灣成了大陸文人獵奇的對象，遊記變多。但那還是一個必須捍衛肚皮的年代，旅行指南依舊少。直到「經濟奇蹟」發生後，1970年代，旅遊能力才大幅提高，《台灣最佳去處》之類的指南一出書就引起騷動，遊記類也自此一路不敵指南。1990年代之後旅遊出版品更是繁榮，但要找出遊記類的銷售強棒，卻是難事一樁，「旅行文學獎」的出現，或有刺激，但仍遜指南一籌。（岳國介）

戰前小風光

「不易到達」的地方值得大書特書，「無甚可觀」的所在卻很難硬拗出什麼旅行指南來。

台灣在進入1920年代之後，無論平地山地都較平靜，無論交通或餐旅都較便利，秀麗的風光變得易達又可觀。1930年代，我們曾經有過一小段旅遊指南蓬勃出版的風光歲月。

左圖①1930年代的旅行地圖，以東部鐵路隧道景色為封面.(洪聰益提供) 上圖②《風光台灣》列舉了台灣各地名勝古蹟，交通建設與節慶習俗,1939.(遠流資料室)

⬆【日月潭人氣第一】 百餘年來，歷經多次排行變更的台灣八景十二勝，從沒少過日月潭的大名，要說誰是台灣旅遊刊物的最佳封面主角，應該就是從日治時代一路風光到現在的日月潭了。群山環繞的湖中小島、撐杆的邵族姑娘，總吸引著各代遊人的腳步。圖為1959年出版的《台灣觀光指南》，封面頗具1950年代廣告招貼畫的艷彩風格。（舒國治提供）

一樣的旅遊，寫出來的書卻不止一種.圖⑤日治時期中國大有不少人以好奇或觀摩現代化建設的目地來台灣旅遊,19□年上海中華書局出版的江亢虎著《臺遊追記》是其中之□圖⑥1946年行政長官公署出版的《台灣指南》是台灣旅遊官方說法.圖⑦《文山導遊》是地區型的旅遊指南,19□圖⑧注音版少年導遊《台灣環島旅行記》帶孩子們臥遊□灣,1963.圖⑨⑩1950年代引領旅行社風潮的台灣旅行社□版的《台灣導遊》和《台灣名勝指南》為準官方機構的旅□出版品.(⑤至⑩均為舒國治提供)

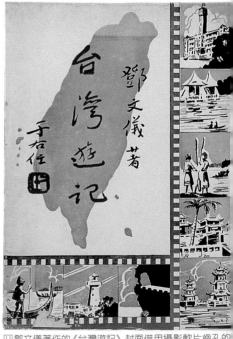

⑪鄧文儀著作的《台灣遊記》，封面借用攝影軟片齒孔的圖案,散放「美景留影」的意象,一口氣放上總統府、台中公園、日月潭、赤嵌樓、春秋閣、清水斷崖、綠島燈塔與蘭嶼等台灣名勝菁華,算一算，從南到北正好八個,莫非,這就是作者心目中的「台灣八景」? 1961.(舒國治提供)

③④四通八達的鐵公路促動了台灣旅遊的發展,圖為約1950年代中期的鐵公路導覽手冊.(莊永明提供)

臺灣觀光指南
TAIWAN TOURIST GUIDE

一之分萬七十五：尺例比

例 ILLUSTRATION 圖

1960年代的台灣觀光指南地圖包含了各地風景與物產。(遠流資料室)

推銷台灣觀光，請孔子當代言人！

駐越南美軍度假，除了台灣，還有香港馬尼拉新加坡和曼谷可以選擇，他們為什麼要來台灣？看罷東京奧運，可以往香港韓國菲律賓順道一遊，他們為什麼挑台灣？

1960-70年代，是台灣最積極向國際推銷寶島觀光的一段歲月，當時我們用的是什麼魅力，來吸引老外到此一遊？用中國式的亭台樓閣、原住民的杵音、農村的純樸風情，用香蕉香鳳梨甜、婀娜多姿中國小姐，用太魯閣鬼斧神工的自然絕景。甚至，還請出老外最熟悉的中國老祖宗——孔子來當推銷員，為什麼呢？原來子曰：「觀國之光」（周遊列國之意），難怪觀光局設立時的第一代標誌是馬車上的孔老夫子。

13 4 7 9 莊永明提供。 15 16 觀光局提供。 18 20 遠流資料室。

百花齊放、目不暇給的旅遊出版年代

22《漢聲》封面 (遠流資料室)

1970到1990年代，我們擁有一個繁花似錦的旅遊出版園林。1972年，南華出版社的口袋書《台灣公路旅行指南》開出第一朵豔紅。1978年戶外生活圖書的《北（中、南、東）台灣最佳去處》再掀熱潮。1979年7月與10月，《漢聲》雜誌連續兩期大篇幅製作「國民旅遊專集」，1981年再續兩期「古蹟之旅」，埋下日後「深度旅遊」的種子。等到觀光開放、政治解嚴，Insight Guide、DK紛紛引進中譯本，TO'GO與Mook雜誌書成為大眾普及品，此時的旅遊出版市場，就更是百花齊放了。

左圖 23《戶外生活》封面。(莊永明提供)　右圖 24 (左起《中、北台灣最佳去處》戶外出版社提供，其餘為遠流資料室所有)

從鐵道飯店到度假小木屋
旅館型態的變遷

旅館是旅途的中繼站，長途旅行的歇腳處。

百年以來，台灣旅人在各地進出的旅館類型，也算琳琅滿目。

登山露營，一頂帳篷、一間獵寮、一個只有簡單通鋪的山莊，就夠你酣然入夢、疲勞盡消。

軍公教學生出遊，救國團青年活動中心和各種機關設置的招待所、會館，雖然簡單，倒也乾淨，而價格低廉最是引人。

老蔣總統的行館，從北到南都有。風景超優，當年閒人止步，如今歡迎光臨。甚至還流行新婚夫婦指名要在老蔣套房度蜜月，只為了在「龍床」上睡覺，好添個「龍子」。

北投的天狗庵（1896）是台灣第一家溫泉旅館。1934年的吟松庵（閣）今已列為市定古蹟，可說是第一家古蹟旅館。

天祥晶華酒店附設「膠囊旅館」，一張床就是房間的全部；阿里山曾經在1980年代推出車廂旅館……這些，都算是「別出心裁」的旅館。

台灣的觀光飯店，戰前最有名的當然是台北車站前的鐵道飯店。再來就是1964年前後，為了抓住東京奧運旅遊潮以及駐越南美軍度假潮，而掀起的觀光旅館熱，統一、台南、國賓，都在1964年10月後相繼開幕。1973年7月，台北希爾頓的出現，更開了國際連鎖飯店進駐台灣的先河。他們不但開在都會鬧區接待商務旅人，也開在風景區啟動休閒度假飯店（resort）的引擎。

休閒飯店大多開在青山綠水之間，連苑高樓固然氣派夠炫，原木小屋更覺恬淡清閒。當旅遊風氣已經發展到放棄東征西討，只求doing nothing、完全放鬆的時候，反璞歸真，倒成了最奢侈的安排。（岳國介）

1950-60年代旅社廣告。上圖①鐵道飯店在戰後改建為台旅飯店，取自《中央日報》，1952.（遠流資料室）左圖②新生莊已提供SPA，取自《自由談》，1958. 中間③三葉莊與省都大旅社皆位於城中區，這裡是1950年代台北旅館集中地，取自《台灣觀光指南》，1959. 右圖④標榜國際水準的台灣大飯店，1963.（來源同①）

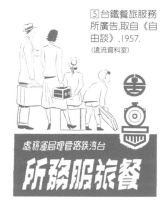

⑤台鐵餐旅服務所廣告，取自《自由談》，1957.（遠流資料室）

⑥北投溫泉旅社八勝園廣告，標榜的是各室隔離、澡池各備、衛生第一以及「主義薄利」（應為價廉之意），頗具戰後初期的旅遊情調，取自《台灣名勝指南》，1947.（舒國治提供）

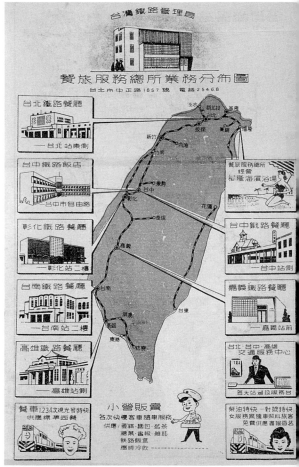

⑦1967年的台鐵餐旅服務所分布圖，這是鐵路旅行風光的年代。（莊永明提供）

日治時代旅館王——鐵道飯店

1908年，鐵道飯店抓住縱貫鐵路全線通車的商機，在今天台北新光三越大樓的位置開幕。日本皇族載仁親王帶著163位名流，參加了它的晚會，並且成為它登記第一號的客人，邁出它「日治時代旅館王」的第一步。

鐵道飯店不但有文藝復興式的典雅外觀、富麗堂皇的設施，還有小型的歌舞伎表演廳、防蠅室和馬房呢！

⑧第一個客人是載仁親王，蓬萊米的命名儀式在此舉行，日治時代，鐵道飯店最拉風，約1930年代。（莊永明提供）

⑨溫泉勝地關子嶺所販賣的溫泉旅館風景明信片，1957.（黃慶峰提供）

宝島風光好　四季宜旅行

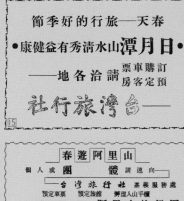

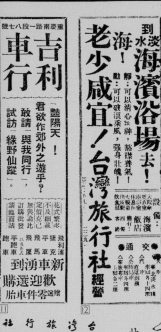

⑪ 吉利車行「豔陽天」廣告

⑫⑬⑮⑯⑱ 台灣旅行社廣告

⑭ 大陸旅行社廣告「DEER TRAVEL」

⑯ 春遊阿里山　阿里山旅行團　台灣旅行社

⑰ 新魯航空旅行・合辦太魯閣觀光旅行團

國外旅行——請在歐亞旅運社　計劃君之旅程　Wherever You Go　Book at　EURASIA TRAVEL SERVICE　For Conveniency & Economy　ADDRESS:5 PAO CHING ROAD　TEL:27681 (NEXT TO UNION BUILDING)　HAWAII　SAN FRANCISCO

台灣旅行社　Taiwan Travel Service　北　臺　聯合遊覽汽車股份有限公司

自由談　旅行服務

公路局「寶島風光好，四季宜旅行」標誌. ⑪吉利車行「豔陽天」廣告. ⑫⑬⑮⑯⑱台灣旅行社廣告. ⑭大陸旅行社廣告. 民航空運隊，東南旅行社聯合舉辦之「太魯閣新春旅行」廣告. ⑰台北聯合遊覽公司廣告. ⑳標榜山水，人物，思想的雜誌《自由談》標誌. ㉑歐亞旅運社廣告. 以上均取自《中央日報》，《自由談》，1949-60年代.(遠流資料室)

【民間的觀光局】 訂旅館找車輛、安排餐飲辦入山證，旅行雖然好玩，瑣事卻也不少。若要翹著腿等人幫你全數搞定，就不能沒有旅行社。日治時代，台灣只有一家公營的「東亞交通公社台灣支社」。戰後，它變身成為「台灣旅行社」。這個旅行社可屬害了，除了以上瑣事一切全包之外，整建台北圓山飯店和日月潭涵碧樓，也是它的豐功偉業之一，在當年，它簡直就是「民間的觀光局」。

觀光大飯店

1970年，菲律賓僑商看好駐越美軍度假潮的商機，決定在台北車站前蓋一座台灣頂級的金華飯店，樓高20層、客房520間，都是當年的台灣第一。1973年，它再與希爾頓飯店合作，改組成台北希爾頓，成為台灣第一家五星級國際連鎖飯店。而與政府關係密切、1952年創立的台北圓山大飯店，則一直是知名度最高的本土飯店，尤其1973年14層宮殿式大廈落成，它更長期成為台北的地標。

請您告訴大家　台北希爾頓大飯店今天開幕了！　歡樂常在希爾頓　台北希爾頓大飯店　台北市忠孝西路一段38號　電話:315151

左圖㉒台北希爾頓飯店為國際連鎖經營. 右圖㉓台北圓山飯店則是本土名牌第一家.(㉒遠流資料室㉓丁榮生攝)

石門芝麻大酒店　SHIH-MEN SESAME HOTEL　芝麻開門　健康人生

左圖㉔石門芝麻酒店首開台灣度假酒店之風，圖為1970年代廣告.(莊永明提供) 上圖㉕崇尚自然的小木屋已成度假新寵，圖為嘉義大埔歐都納度假村，1998，岳國介攝. 右圖㉖墾丁凱撒飯店是第一個「國際」牌的度假旅館，2000，岳國介攝.

1 看見北投溫泉谷中漫步的和服仕女，拍一張，取自《風光台灣》，1939．

2 春秋閣與半屏山的美景，是襯托佳人倩影的極佳背景，1950-60年代，羅超群攝．

觀光旅行卡麥拉
用相機寫遊記

用相機寫日記的人，是廣告影片裡的樣板，用相機寫遊記的人，是你、是我、是他。

旅行有一種特質，姑且叫作「被記錄的渴望」。為調查探測而旅行，100%需要作記錄，為開情雅趣而旅行，又何嘗不希望在走過的名山大川前留下身影？即使是嚴格要求保育物種的國家公園，裡頭的一草一木「什麼都不能取」，但唯獨「照片」例外。彷彿相機的發展就是以「為旅行服務」為主要目的似的。這就難怪義大利Ferrania相機1960年在台灣作廣告的時候，中文要叫做「福隆遊覽相機」了。看到福隆二字，就讓人想到清涼有勁的海水浴場，招喚旅遊的想望，若是能力許可，買它一部四處遊覽，多好呀！

只是，在傻瓜相機尚未問世的年代，「卡麥拉」並非人人買得起，幸運的是，總有一些腦袋靈光的生意人，就是想得出辦法來滿足大家「出遊留影」的欲望。明信片、風景照片當然是最快的選擇，另外還有以下方式出現。

第一種是「出租」。按天算、按小時算、按品牌機種算……高檔貨或經濟型任君挑選；不過，先留下押金好嗎？

第二是「代客攝影」。一個小攤子，陳列著密密麻麻的「作品」，只要味道中意、價錢中意，無論是個人照雙人照團體照，喀擦一張算一張錢，何必花大錢買相機？

第三是「扮裝留念」。穿戴上「山地服」，遊客化身作三分鐘的原住民，攝影師兼服裝供應商，全套服務，一次OK。

如今國民所得提高，相機售價普及，帶著相機去旅行成了全民運動。在哪裡，還找得到幾個這些行業的「遺老」？（岳國介）

3 碧潭泛舟，且喀擦一張我的旅伴、我的船夫、我的船，1956，鄧南光攝．

4 畢業旅行到彰化，大佛座下一定要留影，1966．（陳秀梅提供）

5 賞覽奇岩到野柳，一定要手扶女王頭來張合照，1971．（張素娥提供）

6 大貝湖（今澄清湖）畔的大學生，1961．（王榮文提供）

7 春遊陽明山的情侶，1959．（黃慶峰提供）

搶搭淡水最後列車前,先在台北車站往淡水的月台上來一張紀念照,1988,岳國介攝.

❶【是模特兒,還是動物園?】 一群人、一群相機圍團圍住,統統指向一位坐在蘭嶼木船上的達悟族原住民。這情景也許只是某個活動裡的展示表演,達悟同胞扮起模特兒,為來賓或媒體示範、解說。但是卻無法讓我們不想起一個又一個用相機當侵略人身的工具,把原鄉當動物園的囂張與無知。(1987,關曉榮攝)

⑫日月潭扮裝樂,1960.(黃慶峰提供)

變身三分鐘,留影一輩子

人不敢隨便跳出生活的軌道,卻又三不五時希望嘗點新鮮。出門旅遊,正是大好時機。

來到原住民部落,借一套族人的典型衣物,再向上帝借三分鐘,我已變成「山地同胞」;待喀擦一聲響過,換回原本的服裝,又回歸原我。

這就是扮裝秀的魅力吧,滿足好奇、滿足嘗鮮,卻沒有承諾、沒有壓力。

左下圖⑨安通溫泉前的遊客,太陽眼鏡和腳踏車,是當年的時髦行頭,1956.(邱榮華提供) 右上圖⑩一群機車旅遊騎士,在西螺大橋橋頭留影,1966.(黃慶峰提供) 右下圖⑪有了汽車代步,連千禧曙光的重要時刻都趕得上,2000,陳輝明攝.

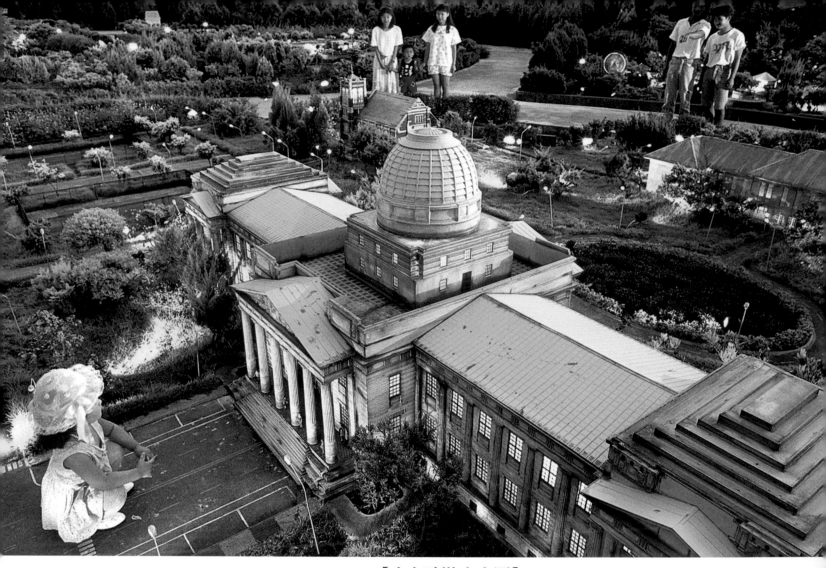

旅遊新潮
1980-90新興旅遊型態

生活有了變化，旅遊就起了新潮。

衣、食、住之外，行，就是另一個最重要的生活第四大內容。

1987年，實施了幾十年的台灣地區戒嚴令終於解除，掀動了往後旅遊板塊的激烈位移。貧窮的陰影似乎已經完全散去，股市甚至在1989年第一次站上萬點。休閒的時間愈來愈多，1997年開始實施隔週休二日，2001年元旦之後，大部分人每個禮拜都有兩天不必上班、上學。有錢、有閒、沒人管，暴增的旅遊能力，加上暴興的旅遊風氣，我們不可能滿足於一種玩法！休閒農業出現了。大湖摘草莓、卓蘭採葡萄、白河賞蓮花。花蓮鶴岡推廣拜拜用的鳳梨花，說是到「好康」（鶴岡的台語諧音）採「旺來」。碰上芒果節柚子節，人潮多過果物。生態之旅普及了，賞鳥、賞蝶、賞螢火蟲，不愁專業解說；柴山的野生獼猴不再擔心被抓，公園內的鴿子也不怕慘遭毒手。

文化體驗開始講究了。古蹟、原鄉、藝術、建築之旅不會招不到團員。美食之旅讓老饕垂涎。發現一口好溫泉也不是不可能的任務。叫得震天價響的「自助旅行」，在商業炒作下，成了新潮派最愛掛齒的時髦。（岳國介）

① 清水斷崖絕壁風情百年不改.只是遊覽紀念戳上多了幾尾海上的鯨魚遊蹤.2000.(鄭麗卿提供)

【小女孩遊小人國】 親愛的，「我把孩子變大了」和「我把古蹟變小了」你喜歡哪一個？台北新公園裡的博物館，在日治時代就已經是遊覽台北城的重要景點，來到1990年代，即使化身為小人國園區裡的精巧模型，也依然是大人小孩目不轉睛的對象。在這人工勝境裡，周遊列國、賞玩古今是快樂的事。（1990,鄧惠恩攝）

② 在觀光興盛的年代,元宵節不再只是吃元宵提燈籠,雷射光、火樹銀花加大型燈會,鬧熱滾滾,1999,岳國介攝.

上圖③入出境證照費收據,1989.經濟起飛與開放觀光,帶來海外旅遊熱潮. 左圖④華航首航台北-普吉島紀念戳,1991. 右圖⑤長榮首航台北-巴黎紀念戳,1993.③④⑤均為莊永明提供)

⑥1990年代,台灣旅客努力「遠征」世界各地,在同年連南極都有台灣旅行團的足跡.1998,羅智成攝

⑨賞鳥是1980年代中期興起的自然生態旅遊重點之一,圖為藝文界人士在墾丁龍賞鳥,左起:王瑞香、張大春、朱天文、朱天心、劉克襄,1987,鄭林鐘攝.

⑪宜蘭冬山河親水公園重新喚起人們對水岸空間的思慕,1997,岳國介攝.

林田山森榮林場曾經是林業重地,在伐木業退潮之後,古舊的運材棧道成為文觀光新景點,1993,岳國介攝.

⑫超級古蹟──紅毛城是人文深度旅遊必到之地,1988.
(莊永明提供)

⑬台灣各地社區文化的蓬勃發展,啟動了地方旅遊業的新契機,圖為結合了老攝影家鄧南光影像展與茶業風光的北埔膨風藝術節文宣品,2000.(莊永明提供)

左圖⑭日治時代被太魯閣天工奇險震懾住的遊客,大概很難想像像七、八十年後的觀光客可以如此優哉游哉在同樣的峭壁深谷旁享受一杯香醇的咖啡,1997,黃明偉攝.　右圖⑮溫泉風情是百年不變的台灣之味,圖為知本老爺酒店溫泉區一景2000,劉鴻文攝.

台灣豐盛的農產,發展出休閒農業的熱潮,遍布各地的觀光果園裡,總有許多趣若驚的城市鄉巴佬,圖為卓蘭採果一景,1998.岳國介攝.

⑯管制令的解除,讓綠島美景不再孤寂,1997,岳國介攝.

戰地開放觀光後,進出金門古寧頭戰史館的,不再是清一色的阿兵哥,1998,岳國介攝.

解放美景

出國只准考察、不能觀光的年代,幫台灣製造了一拖拉庫的「業務主任」,出現在出國手續的申請表格裡.

1987年解嚴之後,旅行,終於還原它本來的面目.

大陸開放,老鄉們可以回老家親吻一把故鄉泥土.天空開放,大老闆想做民航鉅子不會有人不准你搞飛機.那原本深藏在太平洋蔚藍海水臂彎裡的綠島,開始迎接不是政治犯的新客人.金門和馬祖的部隊裡,出現了不是拿槍而是拿著解說棒的阿兵哥……在愈來愈開放的年代裡,掌權的官員解放管制,山水與心靈釋放美景.

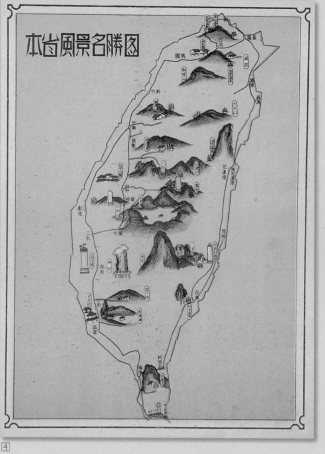

本省風景名勝圖

台灣遊覽紀念
昭和8年3月23日

臺灣一週十二日遊程

皇太子殿下行啟紀念繪葉書

臺灣風景
明信片
全套共二十張售價三元

旅行電報

適用範圍	傳報導下旅途	預定訂購車船機票	特點	照尋常電計遷費	按加急電傳遞費	並且不收譯電費

起程前服一粒 旅途中保愉快

福福無常
難以預料
請購
人身旅行平安保險
第一人壽保險公司

ferrania
福隆遊覽相機
物美 價廉
福隆照相材料行

臺灣鐵路旅行豐券
No 000000 樣 張

旅遊百寶箱

【圖片說明】①1935年台灣博覽會期間,旅行社針對觀光客所設計的台灣南部一日遊行程表。②台灣遊覽紀念戳,1933。③裕仁太子來台紀念明信片,1923。④全台風景名勝圖,1950年代。(①②③④均莊永明提供)⑤明信片廣告⑥旅行電報廣告,均取自《自由談》,1950年代。(遠流資料室)⑦台灣一週12日遊程表,取自《台灣指南》,1948。(舒國治提供)⑧暈車藥廣告⑨旅行保險廣告⑩相機廣告,均取自《中央日報》,1950-60年代。(遠流資料室)⑪台鐵遊覽禮券,1960年代。(莊永明提供)⑫行李箱,取自《今日中國》上華航廣告,1975。(遠流資料室)⑬家電抽獎廣告,取自《中央日報》,1972。(遠流資料室)⑭畜藥抽獎廣告,取自《豐年》,1957。(莊永明提供)⑮登山行程表,取自《戶外生活》,1978。(莊永明資料室)⑰登山用品廣告。⑱潛水用品廣告,均取自《野外》,1970年代。(遠流資料室)㉑福隆浴場火柴盒。㉔大同水上樂園火柴盒,1970年代。(張永怜提供)㉒台灣觀光協會火柴盒,1970年代。(張先正提供)⑲石門水庫票根⑳野柳風景區票根㉓賽夏族矮靈祭紀念車票,2000。(莊永明提供)

新辭彙·舊時語

【阿里山五奇】阿里山景致迷人,百年不衰,日出、雲海、晚霞、森林與登山鐵路尤其是遊賞重點,初中國文課本的一篇散文,更讓「阿里山五奇」代代傳誦。

【遊覽車小姐】她們是領隊兼導遊,她們的工作「地點」只在遊覽車上。她們指揮司機、連絡旅館、解說風景、控制時間,還唱歌說笑話...活動;團員下車觀光時,她卻暫不奉陪。領隊、導遊各種稱呼都不夠貼切,還好不知是誰發明了「遊覽車小姐」個詞,傳神極了、入味極了

【進香團】拜拜與朝聖，也是旅行的重要動機。組織旅行團去名山大廟拜拜，就成進香團。遍布全台的王爺廟、媽祖廟，進香信徒尤其多，「農曆三月瘋媽祖」更是台灣最具特色的季節性旅行大潮之一。

【環島旅行】20世紀台灣觀光團最熱門的旅行主題。縱貫＋南迴＋花東＋蘇花＋北宜，就算把台灣繞了一圈。「遊覽車環島」是最早開始，但也是各年代都普遍的方式。高速公路通車、私家車輛普及後，「自行開車環島」參上一腳；1990年代南迴鐵路通車後，「火車環島」也成了新的選擇。至於綠島、蘭嶼的環島旅行，則是解嚴之後的新潮玩意。

【開放天空】1987年，政府頒布「民航運輸業申請設立、增闢航線、購機執行要點」，允許民間成立新的航空運輸公司、開闢新航線，此即所謂的「開放天空」政策。從此，台灣空運市場進入高度競爭的「戰國」時期，不但出現了長榮、華信、瑞聯等新公司，國內外的航線也大幅增加。

【機加酒】機是「機票」，酒是「酒店」，機加酒，就是航空公司與旅館結盟，推出「機票＋酒店」的套裝行程，是「純跟團」與「純自助」兩種旅遊方式之間的彈性選擇，可說是現今國外旅遊風潮下的產物。

有模有樣 趕時髦

　　20世紀台灣幾經改朝換代。在不同勢力迅速移入移出的過程中，就在「前朝」後座力與「新勢力」影響的衝擊下，台灣早期的時尚面貌一再易容蛻變。就如同因應「新戲碼」一再更換的戲服般，戲服固然美麗，但戲服背後的故事，卻總有幾抹無奈與哀愁。

　　但不管在什麼時代、環境如何，總有一撮時髦急先鋒，會在夜空中畫出一道道炫目火花，引人仰望讚嘆。台灣的時尚接力，從第一棒的黑狗黑貓傳到現在，接棒的酷哥辣妹就像他們的前輩般，在觀眾的注目下，正以自己的方式盡情演出。

底圖：1930年代，沿著彰化市街漫步而過的時髦女郎，穿的是花色雅致的旗袍，反映出當時上海時尚對台灣的影響。（莊永明提供，相關主題見p68-69）
右頁小圖：1990年代，在台北世貿中心資訊展中露臉的辣妹，穿的是緊身露腰小背心，外加紅黃紫綠的螢光假髮。（黃子明攝，相關主題見p78-79）

新潮舊浪時髦風

陳佳芬 資深時尚工作者 / antenna_studio@yahoo.com.tw

時髦若風，一陣來一陣走，
島嶼百年雖不是風頭，
但一陣一陣風跨海吹來，
也在島上迴旋出獨有的百年風情。

舊衫・洋裝・新華風

台灣開拓之初，早期來自閩、粵的移民服飾，沿襲來自中國傳統服飾的形式，以衫、褲、裙、褂、襖等為主。男子著長袍馬褂、穿包頭鞋，勞動階層則多著對襟衫與褲子。女子纏足、著大綢衫，下搭裙或褲為主。

相對於渡海來台的漢人，在人口比例上早在18世紀便已成為「少數民族」的原住民，其中平埔族在衣著及生活習慣上雖已逐漸漢化，然而高山族在衣飾上仍各自保有傳統的形式與圖案，以鮮豔的色彩、華麗豐富的裝飾、以及自織的紡品等特色，成為被大家慣稱為「山地服裝」的原住民服飾樣貌。

1895年台灣割讓給日本。日治初期，由於日本對台採懷柔政策，民間多延續來自大陸移民的衣著形式。日本殖民政府開始提倡「放足斷髮」後，人們在外觀上逐漸朝西化發展而產生了根本的改變。學校裡，女學生也開始學習洋裁。

經歷明治維新的日本，衣著上已逐漸形成以西式的西裝、套裝、洋裝等為主的風貌。1930年代後期，日本在台推行「皇民化運動」，一般台灣人並未因此換上和服，卻在「去中國化」的壓力下，加速改變原本袍、褂、衫等穿著方式，接納西式服裝。

相對於1930年代殖民政府積極推行的皇民化運動，早在1921年間，台灣本土菁英即展開「新文化運動」，鼓吹吸收外來優秀文化，融合固有文化，以創造「台灣特種文化」。當時的時尚，夾雜著人們對於脫離殖民統治的殷切期待，以及對解脫帝制後的「新中國」的憧憬與嚮往，大家紛紛以上海為中心，模仿1930年代上海時髦人士中西合璧的穿著方式而形成風尚。男士是長袍馬褂和西服共存，女士的選擇包括高領斜襟中式上衣，搭配長褲或長裙。一件式合身的旗袍也流行起來，還有時髦的西式洋裝、套裝等。女性受1930-40年代上海電影明星的影響，剪燙捲曲短髮、細描的蛾眉、豐潤的唇型、合身的旗袍、足蹬叩叩作響的高跟鞋，成為台灣時髦仕女爭相模仿的時尚身影。

紡織機・縫衣機・放映機

二次大戰後國民政府治台。初期受大陸局勢影響，台幣大貶、社會動盪、人心惶惶，228事件也隨後爆發。1949年國府遷台。幾年間台灣社會動盪不安，民生凋蔽，追求流行時髦對一般人而言是奢侈遙不可及的夢。

大陸的紡織廠包括中興、遠東、勤益、台元等隨著國民政府陸續遷台，因為有了美援之助，政府也致力倡導紡織業，開始「代紡代織」的發展策略。紡織業、成衣業都在此時奠基萌芽。當時所產銷的成衣主要以制服、內衣、襯衫等基本生活所需衣物為主。

由於一般婦女多諳縫紉而能自行縫製家人衣物，加上當時市場上成衣有限，縫紉機成為居家基本配備，也是女子出嫁不可缺的嫁妝。除了自家縫製，裁縫訂做也十分普遍。

1950年代，看電影是多數人主要的休閒方式，明星的裝扮自然成為造就流行風潮的最佳媒介。而隨著美軍駐台，美式風尚也在台登陸。例如奧黛麗赫本因影片「羅馬假期」走紅後，台灣也吹起「赫本頭」旋風。一般時尚也緊緊跟隨著當時好萊塢女星崇尚女性化外型的風尚。此外，香港電影在台灣大受歡迎，邵氏電影旗下的眾女星包括樂蒂、林黛等人也成為時髦的代言人。李麗華粗濃的眉型、眼尾上揚的眼線、嘴角上勾的唇形突顯婀娜體態的窄裙、或突顯腰身的蓬裙配細跟高跟鞋，充分流露出女性化的嫵媚特質，成為時髦婦女模仿學習的對象。

整個1950年代的台灣也因政治形勢而轉變。戰後日本人撤離、國民政府播遷、大批大陸軍民隨政府來台、以及美國影響的全面進入等，都對台灣社會產生衝擊，進而影響流行時尚的發展與面貌。因此，就在受日本影響的洋裁、來自中國的旗袍、模仿美國風尚、及香港影劇界風尚等因素的交錯影響下，構築了當時多元的台灣時尚畫面。

人造纖維與奇裝異服

走過清貧困頓的1950年代，1960年代的台灣社會已從農業轉型為工業社會，由於暢旺的外銷出口，經濟逐漸獲得改善。

紡織品居出口第一位，也帶動了國內紡織業、成衣業。蓬勃興盛的人造纖維工業，使得人造纖維大量出現，流行也順勢運用了包括塑膠等各種人造材質，掀起一股人造纖維的流行風潮。一時之間，如「太子龍」、「珠龍」、「特多龍」等各種「龍」紛紛出籠，布料種類繁多，一般婦女多自行買布，再到服裝訂做店參考外國雜誌訂製服飾。

另一方面，台視、中視相繼開播，不久後電視進入彩色時代，也更加進入人們的生活，成為傳播時尚流行的主要媒介。

此時流行時尚雖然仍見日本的影響，但西方的價值觀已隨著傳播以更快的速度進入台灣。1960年代的台灣尤其深受美國影響，舉凡美式時尚的迷你裙、西洋歌曲、電影

活方式等，無不在台風靡。

明星的熱潮及其影響依然主導時尚，從63年凌波來台，引起萬人空巷的熱潮即可一斑。而台視、中視、華視「自製」的電明星、歌星，也成為流行的櫥窗。此外，起社會關注的各種選美佳麗及服裝表演中模特兒，都成為當時平淡社會中亮麗的時代言人。

繼1960年代政府對紡織業推出「內銷為，外銷為輔」的保護政策，1970年代則「出口擴張」為主要政策。國內成衣業的展已然成形，其中男士西裝、女性成衣的速發展，使得原本以裁縫訂製為主的衣著場產生結構性的改變。此時繁多的品牌成已日益風行，然而，品牌在這個時期的意不外是識別標誌，並未被特別重視。

此時歐美流行的嬉痞風、熱褲、迷你裙、仔褲、披頭四式的大領緊身襯衫搭配喇叭、足蹬「恨天高」「矮子樂」的厚底鞋、生蓄長髮等時尚，隨著強勢的西方傳播一腦的吹進台灣，使得警察得在街頭巷尾負取締「奇裝異服」的工作。此外，大學生流行校園歌曲，帶起民歌熱及民歌餐廳的潮，民歌手強調「歌以載道」，外表上則脫傳統歌星的刻意造作，而以牛仔褲自清新的形象為訴求，也更助長了牛仔褲台灣的風行。

在1970年代台灣跟隨西方時尚的潮流，還包括美國總統尼克森訪問大陸及隨後布與中共建交，在國際間所帶起的一股中國熱」，並在歐美時尚界吹起「娃娃頭」旗袍的流行風，此時期台灣也形成一股良式旗袍」的風潮。

除此之外，1977年，中華少棒、青少棒、青棒贏得三冠王之後，也曾引起一陣所謂「棒球裝」的熱潮。而隨著「二秦二林」電影的熱賣，清新脫俗的時尚也風行一時。

名牌熱與哈日風

1980年代隨著經濟持續性發展，台灣有了世界名列前茅的外匯存底及超過六千美元的國民所得。1986年台幣大幅升值，政府也逐步放寬進口管制，在1987年調降進口關稅、開放外匯管制，使得台灣的紡織成衣業面臨不可避免的結構變化。原本為台灣經濟打下一片天的紡織成衣外銷，因台幣升值、勞工意識抬頭、進口關稅降低及兩岸商務往來頻繁等因素逐漸外移。相對的，也為服飾進口帶來新契機。許多進口品牌都在此時進駐台灣，國際品牌、設計師名牌全員到齊。

1980年代期間，台灣的時尚軌跡從「乞丐裝」的流行，到迪斯可熱，以至健身時尚、女強人、雅痞等，無一不隨著國際潮流起舞。大家對設計師與名牌的熱情，帶動國內品牌熱潮，本土設計師也在名牌風尚潮流中，興起一陣以個人名字為品牌的風潮而備受矚目。此時成衣取代裁縫訂做，成為台灣人「衣」的主軸。品牌名牌的意識，成為身分地位品味的表徵，許多人熱衷藉昂貴的名牌衣飾，炫耀快速累積的財富。當時曾有一則漫畫創造出一隻鱷魚，背著企鵝，叼著煙斗，打把洋傘的「超級名牌」標誌，就是在嘲諷當時許多人被名牌牽著鼻子走的情形。

經歷了坐雲霄飛車般的1980年代，接下來的1990年代發生房地產市場、股市退燒，以及亞洲金融危機，於是1980年代一下子冒出來的諸多國內外品牌，也在此時悄然進行了一場自然淘汰與重新洗牌。而資訊的開放，使得本土與國際的流行時尚媒體快速發展，國際潮流趨勢的影響也更為直接。

年輕族群間「只要我喜歡，有什麼不可以！」的自我意識強烈，以染髮、刺青、穿孔及衣著上的任性恣意，形成所謂的「另類流行」。除此之外，年輕人的「哈日」風潮正方興未艾。日劇偶像的一言一行及裝扮，都是青少年爭相模仿的對象。

卡通商品的發燒也是此時的流行特色，包括凱蒂貓、酷企鵝、皮卡丘、趴趴熊等，所發展出的各類商品熱賣，成為流行的異數。

政治圖騰也匯集人氣，形成另一種流行。陳水扁競選台北市長連任時，推出扁帽系列產品，成為支持民眾競相搶購、奇貨可居的熱門商品。之後，扁帽工廠生產製造的各種周邊商品，也受到扁迷的熱情迴響，創下政治產品熱賣的先例。

20世紀末的總統大選，完成了台灣歷史上第一次的政權和平轉移。不過，許多議題也隨之而來，其中尤以兩岸議題為甚。兩岸在政治上雖懸而未決，但民間的交流卻頻繁而廣泛。20世紀末在大陸的主要城市裡，時髦的行業、商店，如美容瘦身、餐飲、卡拉OK、保齡球館、婚紗攝影、服飾百貨等，無一不見台灣的斧鑿及影響。同時，大陸人民對台灣連續劇、流行歌手，也是喜愛有加、如數家珍。回顧這百年來台灣的時尚發展，早期因漢人移民而深受大陸影響的台灣，在歷經百年的轉變後，到了世紀末，反而成為影響大陸改革開放後流行生活的重要推手，其間的轉折也不禁令人玩味。

大街現風情
繁華都市與時髦現象

日治時期台北仕紳望族多以茶業、布疋、中藥、南北貨、洋務等，起家於大稻埕港町、永樂町、太平町（今貴德街、迪化街、延平北路一帶）。因此，這一帶可說是台灣早期的洋務與貿易中心。

這裡有時髦的洋樓、一流的餐廳，以及玩樂場所。這些地方是許多名人出入的場所，也是當時殷商仕紳、文人雅士酬酢的所在。這裡還集聚著台灣人的劇場——永樂座、新舞台及第一劇場等。

活躍的經濟活動加上菁英聚集，造就了大稻埕地區的繁華，形成令人神馳的台灣風情，而被日本人稱為「台灣人街」，這裡自然也成為風尚的櫥窗。

相對的，「城內」則是充滿東洋風情的「日本人街」。有高級的飯店、百貨公司、林立的日式商店，以及戲院、劇場等。

如台北驛（火車站）前，豪華氣派、號稱裝潢格局皆高於日本內地的鐵道飯店，便是連日本皇族都傲於投宿宴客的一流飯店。而位於榮町的菊元百貨，樓高七層——又叫七重天，設有流籠（升降梯），除了販售各式的時髦商品外，還有咖啡座、餐廳、酒吧，是當時上流社會時髦生活的縮影。

另外，西門町也聚集了劇場，如朝日座、榮座等；以及芳乃館、國際館等林立的戲院。（陳佳芬）

1 台北榮町夜景,電光(霓虹燈)招牌五顏六色,一派繁華商街景致。(莊永明提供)

2 新盛橋通(今中山路)是台中的鬧市,販夫走卒、時髦人物川流於此,路旁街燈造型優雅,因形似鈴蘭而有「鈴蘭通」之美稱,1941,陳耿彬攝。(陳政雄提供)

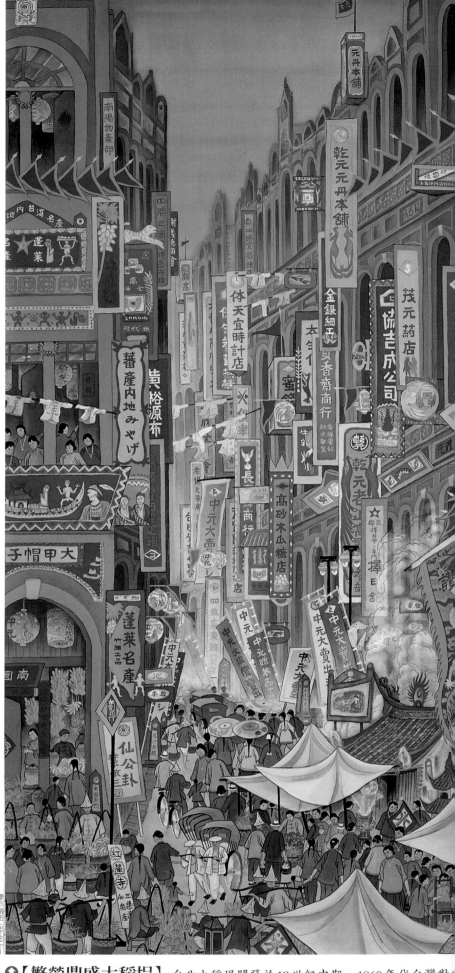

膠彩絹布,188x94.5cm

【繁榮鼎盛大稻埕】台北大稻埕開發於19世紀中期，1860年代台灣對外開港後，成為通商貿易要地。日治初期，台北市人口有46,700人，其中有23,100人在大稻埕。加上群聚於此的中藥、南北貨、茶葉、布疋等店舖，大稻埕可說是繁華一時。圖為畫家郭雪湖於1930年所畫的「南街殷賑」，描繪大稻埕中元節慶的熱鬧景象。畫名中的「南街」是當地人說法，日治時正式街名為永樂町，即位於今日市場至民生西路口間的迪化街；「殷賑」為日語熱鬧、繁榮之意。（台北市立美術館提...

一流餐廳，時髦上演

日治時期，大稻埕聚集了多家一流餐廳。包括裕仁太子來台時承辦筵席的「江山樓」、石油大王黃東茂開設的「蓬萊閣」及大安醫院斜對面的「東薈芳」等。這裡走過連雅堂、郁達夫、林獻堂、梁啓超等人的足跡。另外，「山水亭」和「波麗路」則是畫家、音樂家、藝文界人士，如張文環、呂赫若、呂泉生、楊三郎、郭雪湖、張萬傳等人的聚會所在。這些出入無白丁的餐館、咖啡廳，是當時引領風騷的最佳時尚舞台。

③江山樓於1917年開幕，外觀宏偉，內裝豪華，當年是數一數二的台式酒樓，出入多為政商聞人。(莊永明提供)

④台式餐廳山水亭食堂成立於1938年，因創辦人王井泉喜好藝文，而成為文化人士的聚集重鎮。(莊永明提供)

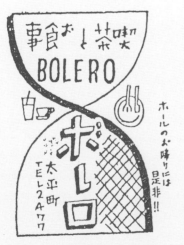

⑤1934年創立至今的波麗露，是台北老牌西餐廳，當年店內擺設先進時髦的78轉電唱機，風靡一時。(莊永明提供)

⑥衣著講究的政商名流與陪酒藝姐交際酬唱的場面，圖為江山樓餐廳內筵席一景，1926，取自高砂啤酒廠寫真冊。(中研院社科所所提供)

⑦台灣第一家百貨──菊元百貨於1932年開幕，屬於日資「菊元商行」集團，1941.

⑧時髦現象伴隨著都市商業的發達而生，日治中期以後，百貨公司的出現，更具有指標性的意義，圖為座落於台南末廣町(號稱「台南銀座」)的林百貨，1939，取自《風光台灣》.

⑨台北榮町的菊元百貨(今衡陽路，博愛路口)，樓高七層，號稱「七重天」，當年不但是台灣總督府之外最高的建築，更因設有台灣第一座流籠(升降梯)，而成為最摩登的消費場所。圖為行經菊元百貨的少年，畫面左後方的菊元百貨明顯地高過周圍建物，約1930年代.

舊衣新演義
日治下的傳統服飾

「唐山過台灣」的早期移民，承襲了來自中國的服飾習慣與樣貌，一般多穿著所謂的「唐衫」。日治初期，日本對台採懷柔政策，民間衣飾仍多延續來自大陸的形式。由於日本殖民政府提倡「放足斷髮」，男性已開始剪辮，女性則多半梳髻，配戴頭飾。而逐漸「放足」、不裹小腳的女性，開始穿皮鞋。斷髮後的男性也自然地接受了西裝的風尚，舊時代的衣著樣貌於焉告一段落。

1921年，本土菁英展開新文化運動，以抵制日本對台的同化政策，認同意識表現在服裝方面則是接受了來自上海時髦青年的影響。

當時上海盛行的歌謠「人人都學上海樣，學來學去難學樣，等到學了三分像，上海早已翻花樣」，可見1920-30年代上海位居中國時尚中心的地位。當時上海女學生陰丹士林布的藍衣黑裙、藍旗袍及時髦仕女合身的旗袍等，是大陸女性的衣著特色。此時台灣可見來自大

①鏡前人物是台灣第一位醫學博士杜聰明，在進入總督府醫學校就讀前所攝，據說這是他剪辮前一刻，1909.（莊永明提供）

陸的影響，女學生式的衣裙及旗袍因此成為台灣婦女的「基本樣式」之一。

此時期的旗袍，雖較先前的唐衫衣裙或衣褲，在線條上較為合身修長，但仍以不顯現身材曲線的含蓄風格為主，低領低衩、長及腳踝的旗袍，有短袖半袖喇叭袖等變化。

當時攝影雖逐漸流行，但仍是奢侈昂貴的時髦玩意兒，一般人都在婚嫁喜慶、過年過節或特殊的日子裡，闔家盛裝一番，赴「寫真館」照相留影。因此，許多家庭保留的這類在寫真館布景前「儀式性」的沙龍照，也能捕捉過往的記憶與當時的時尚風情。

相對於漢人服飾的變化，原住民服飾則維持著傳統的風貌。講究的織工、鮮豔耀目的色彩，和代表傳統、階級、族群、場合等的各種紋飾與圖騰，以及取材於自然的牙、貝、骨、珠、皮等飾物，使得原住民服飾展現出活潑原始與質樸率真的風情。日治開始後的原住民衣飾，除了原本的麻以外，新增了棉、毛等材質，並運用了與漢人交易來的小型鈕子或錢幣等物做為裝飾。（陳佳芬）

③1920年代的春風少年兄，服裝為傳統的對襟唐衫，但髮型已經西化，抹油後梳或瀏海飄垂，頭上戴頂流行的西式草帽，手邊牽著當年的時髦玩意兒──腳踏車，擺弄出一幅青春得意的排場，1926,台中清水.（蔡南宏提供）

原住民服飾

原住民各族的衣飾，除了呈現出不同族群的特色外，還各有其特殊的意涵。如泰雅族男性須在戰事狩獵上表現英勇，而女性則須面貌姣好、會織布等，方可黥面。至於鄒族男子的皮帽代表的是成年、責任與意志；帽上裝飾的鷹羽或帝雉尾羽，則是勇猛英武的象徵。

④鄒族酋長以獵得的鳥獸尾羽皮毛為頭飾，約1930年代.（莊永明提供）

⑤泰雅族女性以黥面為臉部美感的主要訴求，約1930年代.（莊永明提供）

男斷髮，女放足
世紀初的審美改良運動

日治初期，殖民政府即確立台灣人辮髮纏足等舊習必須完全革除，但在執行上則採取漸進策略，以避免更進一步刺激當時各地的抗日風潮。及至1915年，各地才積極推展「放足斷髮」運動，許多地區並明訂1915年6月17日為放足斷髮最後期限。在此之前，大稻埕漢醫黃玉階已發起台北天然足會，鼓吹天然足的優點。他並發起「斷髮不改裝會」，主張斷髮的衛生、方便與潮流趨勢。雖然放足斷髮受到保守派人士的反對與抵制，甚至不乏知識份子將斷髮視為「背祖不孝」而考慮再三。但在潮流趨勢下，台灣終究告別了纏足辮髮的舊時代。

7（狩る藝風業目氷編）

Customs Woman, Formosa.

俗風供子人婦（灣台）

②20世紀初台灣貴婦人的模樣，在西風影響下，舊式風尚終將消退，約1910年代.（簡義雄提供）

⑥上海女學生藍衣黑裙風也在台灣吹起，但材質上不是陰丹士林布，而是取用本地生產的台灣布或日織布料，1933-38,楊梅伯公山,吳金淼攝.

No. 307 《窗畔》 ご婦じ、ヾ BEAUTIFUL GIRL BY THE WINDOW, FORMOSA

上海是20世紀初期新中國的時尚中心,上海流行的旗袍裝也在台灣盛極一時,為當時女性在寫真館布景前留下的沙龍照,約1930年代。(莊永明提供)

⑧明信片上的花旗袍女子,陪襯著洋化的空間擺設,整體配置極為造作,但也體現出當時所標榜的一種時髦模樣,約1930年代。(簡義雄提供)

⑨「愛抹新竹膨粉,面肉白得夠本」是日治時期俚語,新竹白粉是早年台灣女性愛用的化妝品,帶淡淡馨香,又叫香粉或膨粉,用來保養肌膚或挽面,時至今日,膨粉多用於「七娘媽生」——七夕拜拜的供品。(莊永明提供)

【丰姿婀娜是旗袍】時髦女子攬著斜陽過街,在長及足踝的花布旗袍修飾下,身影顯得既溫婉又嬌豔。兩位身穿洋裝、足踏皮鞋的小女孩正從旁經過。大概是這樣的一幅街頭時髦風情,讓攝影家想透過鏡頭留下這一刻吧。

(1943,台北大稻埕,鄧南光攝)

洋風換新裝
日治下的外來衣飾

1937年以後日本積極在台推行皇民化，提倡講日語、穿和服、改日姓的「國語家庭」。然而民間流傳「人插花伊插草，人抱嬰伊抱狗，人坐轎伊坐車畚斗」的說法，卻傳達出一般人對日本生活方式的隔閡感。和式穿著包括：和服及日式制服，多局限於小孩照相留影及學生的穿著。據《民俗台灣》於1941年某夏日在台北繁華的太平町與榮町街頭所做的統計顯示，台灣女性101人中著洋服者61人、中式服39人、和服1人。可見一般台灣人在這時期以洋服為主要穿著形式。

由於學校教育教導洋裁，婦女也多熟稔洋裁手藝，一般家庭多直接向布販剪布來縫製衣物。講究的人家則在吳服店購布，再委請洋服店縫製。因此吳服店（布店）與洋服店（裁縫店）成為熱鬧商街的主要元素之一。《民俗台灣》描寫彰化西螺街時就提到「吳服商店可以說是商街的主角，在這裡並排的吳服店就有11家」。

洋風吹襲下，在一般婚禮中，新人的禮服也以西洋的白紗、西服為主，逐漸屏除舊式鳳冠霞帔、長袍馬褂的形式。

另一方面，這個時期上海成為中國流行的中心。上海蓬勃發展的電影業，也造就出許多風靡一時的電影明星。台灣女性也開始受到1930-40年代的上海電影明星，如胡蝶、阮玲玉、周璇、白光等人的影響，她們或嫵媚或豔麗或妖嬌的造型，成為台灣時髦仕女爭相模仿的對象。（陳佳芬）

③早年稱時髦青年為「黑狗兄」，約1930年代，南投.

①幾乎與1920年代歐美Art-Deco時尚同步的雲林望族仕女.（林保寶收藏／玉山社提供）

②兩手朝神口一伸、拉鍊拉上即可方便穿妥的夾克，源自飛行員服裝.寫真館裡少年的夾克裝扮,頗能呼應當時台灣籠罩在太平洋戰爭下的氣氛.約1940年代.（莊永明提供）

④早年稱時髦的少女為「黑貓」,圖為穿著洋裝的少女.

⊙【洋化尖端在青年】 日治時代，受高等教育的青年不只在思想觀念上走在民眾前頭，衣著舉止也往往比尋常百姓要來得大膽。圖中四位青年是1910年代台灣的頂尖學府——總督府醫學校的學生，右二為台灣新文學之父賴和，右一為中國革命同盟會成員翁俊明。他們的衣著、髮式，以及更強烈的——神態、坐姿，均流露出西化知識分子的不羈氣質。（賴和紀念館提供）

⑤結婚是人生大事,婚禮上新人的穿扮通常也是最體面。在西化影響下,台灣人也逐漸在婚禮中穿著西式禮服.

皇民化運動期間,官方倡導說日語穿著和服,1930年代後期,台南.

⑦少女們穿著學生制服與和服,像正在舉辦一場家庭音樂會,呈現出一種新式生活與穿著的樣貌,約1930年代後期.(洪聰益提供)

到新式理髮店裡「電頭毛」

1930年代一般人在髮式上有了較大的變化,男性多早已剪辮,改蓄西裝頭。女性也不再留長髮梳髻。這時西風流行的捲曲短髮、再搭配西式服裝的時尚,使得一般女性紛紛剪短頭髮,並且開始燙髮。燙髮技術由日本引進台灣,當時流行「熱燙」,將頭髮燙出明顯規律的波浪,是時髦女性追求的樣式。都市裡所出現的新式燙髮美容院,與傳統的剃頭擔子明顯有別。

⑫日治時期引進台灣的西式男士理髮座椅及推剪(右上),取自1930年代廣告.(遠流資料室)

早年成衣產業不發達,婦女多半買布縫製全家大小衣衫,當時街頭也常見穿街走巷叫賣布料的賣布郎,約1920年代.

裁縫手藝,新娘必備

早期台灣婦女多自行縫製衣服,如烹飪一樣,縫紉被視為一般女性的基本技藝,更是媒人做媒時,對男方「推銷」女方所強調的重點。好的裁縫手藝就是好嫁妝!

⑨早期的衣衫,得靠婦女一針一線來完成,縫紉機引進台灣後,婦女趨之若鶩,開始努力學洋裁,圖為嘉義朴子地區私人開設的裁縫班,約1940.

上圖⑩吳服店就是日治時期的布店,在手工縫製衣衫的年代,布店是商街上必有的店鋪,由於此時期台灣缺乏進步的紡織業,一般店裡所賣布料以日貨為主。下圖⑪洋服店就是日治時期服裝裁縫店,一般人只有在要參加重要場合時,才會到洋服店製衣,因此穿新衣的經驗跟人生大事是分不開的。⑩⑪皆取自《台灣大觀》,1912.(遠流資料室)

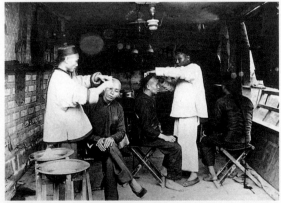

⑬傳統剃頭舖,約1910年代.(國圖台灣分館提供)

⑭台北表町(今館前路)的新式美容院,約1930年代.(台北228紀念館提供)

麵粉袋與旗袍裝
戰後初期的衣飾發展

1949年，國府帶著潮湧般的軍民遷台。雖然打著「反攻大陸」的口號，不過形勢比人強。為了生計，大家紛紛在台選擇熟悉的行業，重新開張。

①茶室在戰後曾盛極一時，是時髦場所，前鋒茶室位於新竹，1946。（鄭世璠提供）

這些遷台人士當中，固有不少人因舞台驟縮而產生宛如「舊時王謝堂前燕，飛入尋常百姓家」的慨嘆，但也有不少人堅持「故鄉」的生活方式，如白先勇筆下「永遠的尹雪豔」，「在台北仍穿著她那一身蟬翼紗的素白旗袍……尹雪豔的公館一向維持它的氣派。尹雪豔從來不肯把它降低於上海霞飛路的排場。」

於是，戰後在台北衡陽路、博愛路一帶開張的布莊，無不打上京滬招牌為號召。布莊裡穿梭著裹著登時旗袍的太太，選布或量身；店員將選定的布料量好，從布頭剪一缺角，大手一拉，「嘶」的一聲，將布「剪」開。布莊裡嘶聲此起彼落，後頭掌櫃忙著收錢找錢，是當時布莊的繁忙寫真。一時之間這些綢布莊匯集了大陸來台仕女的時尚觀，新的流行力量又一次衝擊吸引著本地的時髦女性。

相對於如京滬縮影的台北城內，大稻埕延平北路也延續著戰前太平町的繁華，聚集起許多名氣響亮的綢布莊、服裝店、百貨行，以及訂做店——如猛打電台廣告而家喻戶曉的「狗標」服裝店、服飾精品店「洪裕泰」和西裝權威「男裝社」等名店。

此外，這裡也匯集著當時政商人士應酬愛去的黑美人、五月花、東雲閣、杏花閣酒家等讓人一擲千金的銷金窟。（陳佳芬）

京滬繁華，在台上演

1950年代來自大陸的各種時髦行業，包括紡織廠、成衣廠、布莊、訂做師傅，甚至舞廳、夜總會等，紛紛在台出現，其中又以來自十里洋場上海的最具號召力。綢布莊標榜「西裝旗袍，港滬技師，精工裁製」，鐘錶行、皮鞋店、理髮店或餐廳小吃，也無一不打著正宗上海風格，彷彿藉此可撫平那些「異鄉人」的思鄉情懷。

上海和平飯店的爵士樂團、百樂門的交際花、國際飯店裡的公子哥兒等十里洋場華洋交錯的社交酬酢方式，也換了個時空背景在台出現，似乎一下子要把京滬繁華的景象移植到台灣來。

②戰後初期，台北衡陽路的歌廳吹奏起上海情調，1950，李鳴鵰攝。

⬆【華洋滬港，百貨一堂】日治時期台北的菊元百貨，到了戰後1950年代，改為由上海人經營的「中華國貨公司」，所賣商品也由日本貨改以上海貨為主。此時一般百貨行已開始銷售品牌化妝品，自日本引進的資生堂面霜、口紅，逐漸受到時髦女性的喜愛。另外，博愛路上也出現了移植自上海經驗的「建新百貨」及「南洋百貨」，販售布匹服飾等日用品，是此時期的大型百貨店。（1948，李鳴鵰攝）

③建新百貨1949年開幕，初期以上海為貨源，1949年底兩岸分隔後，開始以台製國貨為主，廣告取自《中央日報》，194

⑤1950年代還沒有電視可看,電影發展一支獨秀,香港成為華語電影中心,當紅影星登上雜誌封面,成為時髦偶像,左起林黛,葉楓,樂蒂. (李火龍提供)

⑥出道上海的李麗華於1949年赴港發展,與白光、胡蝶等皆傳續了「上海灘」風華,1955. (吳興文提供)

中美合作

在美援年代,台灣社會也受到美國文化的影響。時髦青年崇尚西洋歌曲、美式時尚。但在國民所得不到一百美元,一般民眾打赤腳、穿木屐的年代,美援最直接的體現,卻是美援麵粉袋製成的內衣褲。

麵粉袋製成的肚兜.(陳慶芳提供)

⑦戰後初期延平北路上布莊興盛一時,1951. ⑧「長榮號」這類小型百貨早年很多,現今要在鄉鎮地區才找得到,1949. ⑨廣告中的委託部,反映出當年物資有限的情況下,特殊的物資流通方式,1949. ⑩至⑫這些著名品牌都是由上海遷台的成衣廠所生產的. ⑩1952. ⑪取自《臺島攬勝》,1955.(舒國治提供) ⑫取自《自由談》,1956.(吳興文提供) ⑬打赤腳的年代,皮鞋是奢侈品,1949. ⑭皮鞋昂貴,保養就格外重要了,天工鞋油廣告,1956. ⑮生生皮鞋是國產皮鞋老字號,1948年由上海人來台創設,1956. ⑯同樣也來自上海的明星花露水.(莊永明提供) ⑰蝶霜廣告,1959. ⑱百雀羚廣告,1957. 以上廣告未註明出處者均取自《中央日報》.(遠流資料室)

選美台上群星會

如同電視綜藝節目「群星會」主題曲所唱的「群星在天空閃亮，百花在地上開放」，1960年代的台灣可說是個星星閃亮、花兒開放的繽紛年代。

中國小姐選拔為當時沈寂平靜的社會吹起陣陣美麗漣漪。美的標準就在一次又一次的選美活動中被反覆討論。

電視台陸續開播，成為傳達訊息與價值的主要窗口，同時也成為快速製造明星的機器。

有了美援及「代紡代織」，紡織業在此時蓬勃發展。人造纖維成為最新最時髦的布料。新布料藉著時裝表演傳遞流行訊息。

高雄大新、台北第一等新式百貨相繼開張，為零售業開啓新頁。它們也藉一場又一場的時裝表演，確立領導流行的地位。

不少選美佳麗，從選美台上走出一番屬於自己也代表國人的榮耀與驕傲。也有許多選美女孩，順勢走上時尚伸展台，甚至踏入螢光幕或大螢幕，穿梭在選美台、伸展台、螢光幕等流行舞台上。報上議論著選美佳麗的穿著舉止；電視上傳來明星的風采。

她們，都是時尚的代言人。（陳佳芬）

①1960年代以黃梅調電影在台港紅極一時的香港紅星凌波。香港時尚也隨著電影繼續在台發燒。取自《今日世界》，1964.(李火龍提供)

②第二屆中國小姐歡迎美國加州市長來訪，1961,陳永魁攝.(中央社提供)

⬆【選美盛事，麻雀變鳳凰】

1960年開辦第一屆中國小姐選拔，立刻成為社會焦點，後來雖因政府擔心造成社會風氣浮華，只辦四屆便喊停，但社會對選美欲罷不能的熱情，使得隨後的國產時裝皇后（上圖）、毛衣皇后、雲裳公主及商展小姐等選美活動層出不窮。許多參加選美的女孩也企盼藉選美舞台，鯉魚躍龍門，開創不一樣的人生路。（1968,羅超群攝）

③隨著台灣紡織成衣產業蓬勃發展，相關業者也開始標榜造型設計。圖為1968年國產時裝皇后選拔,取自《台北畫刊》

4 1968年台北市今日百貨開幕廣告，取自《中央日報》。（遠流資料室）

85,000元 徵求春夏時裝設計

第一公司最便宜·不必再跑第二家

第一公司

5 1960是台灣百貨產業起飛的年代，第一百貨於1966年開幕，幾年間今日、遠東也成立，1969.（來源同4）

6 成衣業發展之下，百貨行、服裝店裡可選購的新裝越來越多，李梅樹繪，1952.

油彩, 116.5×91cm, 李梅樹紀念館提供

上圖 7 中華商場於1961年啟用，八棟三層樓建築，收納了近千家店鋪，開啟了消費飲食新局面，加上毗連西門電影街的優勢區位，成為往後20年間，全台最繁華的地段，取自《今日經濟》，1969. 下圖 8 取自《台灣畫刊》，1966.

21 服裝社師傅為客人量製衣服，取自空飄大陸傳單，1965.（莊永明提供）

打造流行

1960年代，成衣多局限於內衣、制服、襯衫等基本制式商品。一般人多是自家一針一線縫製平日衣物。但在嫁娶、過年過節或出國等較重要的日子裡，人們便會想到去燙個髮、理個頭，再做幾套像樣的新衣以示慎重。男士訂做西裝講究精工，最愛選用高級英國毛料，流行的呈現則不外乎領子大小的變化。訂做女裝則首重最新款式與流行。當時的裁縫也身兼設計，客人多從外國時裝雜誌選款與裁縫師討論，款式確定後幾經試穿，一件新衣便在期待中完成。

鴻祥 夏季西服大減價

存貨山積 特別犧牲 老牌做工 包不走樣

英商怡和派力司 俟素凡力丁 全毛花呢

一百三十五元 一百五十元 一百六十五元

地址 衡陽街路

22 鴻祥服裝社歷史悠久，見證了戰後台灣的衣著變遷，取自《中央日報》，1949.（遠流資料室）

太子 TAITZ 9

學生服最佳衣料 不縮卡其布問世！ 任洗不縮短！不縮小！不變型！不褪色

高級西裝料 東L特多龍 榮隆紡織特多龍總經銷一覽表

華隆美嬪褲問世！

人人讚美！！ 馳名全球的 東麗特多龍 夾克料

Toray 特多龍

東麗 特多龍 易洗快乾／免燙省力

美術牌 華隆美嬪褲

日兔花牌

天鵝牌 Heaven Swan 請認明最可靠的牌子！

New Fashion 流行牌

資生堂 花露水 SHISEIDO 應市

流行牌成衣

規模最龐大的 日本丹頂髮蠟 在台製造！

MAX FACTOR 丹頂髮蠟條

29

太陽眼鏡 鏡眼陽太 銷傾價廉 中國公司

火一是陽太

Bob SHOE

60是人纖發達的年代，各種「龍」競出，如 9 南紡太子龍，1966. 10 華隆美嬪褲，1968. 11 日本東麗特多龍是台灣早期人纖原料重要原料，1956. 12 特多龍西裝料，1965. 13 人纖原子襪，1961. 14 天鵝牌成衣，1963. 15 流行牌成衣，1960年代口的美容品牌不多，如 16 日本資生堂，1960. 17 日本丹頂，1966. 18 美國蜜斯佛陀，1965. 19 太陽眼鏡也是1960年代髮用品，1962. 20 第五街皮鞋廣告，取自《今天》，1964.（莊永明提供） 以上廣告除 20 均取自《中央日報》，（遠流資料室）

①1970年代西方時尚在台灣更為風靡,取自《台灣畫刊》,1970.(遠流資料室)

②1970年代更講究穿,不過賣場裡賣的,多半是國產時裝,來源同①

迷你裙與牛仔褲
外銷轉內、自創品牌的1970年代

戰後美援高達15億美元,美式價值深入民間。年輕人從著迷西洋熱門音樂以至留美熱潮,可說是全盤接收西方流行文化。西方傳來的嬉痞時尚,以及迷你裙、熱褲、牛仔褲、露背裝、長髮、矮子樂、長筒靴等,共同拼貼出1970年代台灣的時尚風貌。但這突如其來、西方青年叛逆的時尚風潮,卻嚴重挑戰原來社會的保守尺度。於是嬉痞被譯成「邪痞」,在報端引發衛道之士的口誅筆伐。取締奇裝異服、男子蓄長髮也成為警察的工作。而青少年就在與「條子」玩捉迷藏的刺激下,熱褲、迷你裙長度一再「朝北」發展,不斷挑戰社會的容忍度。

牛仔風也快速席捲時尚界,加上外銷歐美的休閒衣物竄入國內市場,價廉物美的休閒時尚成為時髦年輕人的最愛。自立品牌的各式成衣也在紡織工業基礎穩固後一一出籠。

這時台灣雖面臨內憂外患,各界本土意識高漲,但流行浪頭卻始終翻滾著西方時尚觀。包括尼克森訪問中國所掀起的中國風,台灣也隨之起舞。但相較於此時其他的流行勢力,這股東方美時尚浪潮沒多久就成為「死在沙灘上」的前浪。(陳佳芬)

③1970年代男士理髮廳火柴盒.(陳振平提供)

⬆【裙下風光】 迷你、迷地與迷嬉,分別代表超短、中庸與長及腳踝的裙長,它們都是1970年代的流行話題。其中,迷你裙最受歡迎。年輕人對迷你裙的執著就連在學生制服上也看得到,女學生除了應付教官檢查之外,平時努力翻褶裙頭,將裙長調整到理想的長度。而1970年代初石油危機引起通貨膨脹的恐慌時,所出現的「經濟差,流行便吹短裙風」的說法,也令人啞然失笑。(梳妝,李梅樹繪,1971)

當迷你裙風吹起

1970年代,流行除了舞動裙擺之外,還盡情的展現腿部曲線。為了迷你裙下那雙令人稱羨的修長雙腿,許多青春少女莫不衣帶漸寬終不悔,無怨無悔的努力著。女孩間口耳相傳,土法煉鋼式的美腿秘方是每天忠實的高舉雙腿倒踩腳踏車數百下,成果如何當然只有那些身體力行的愛美一族才知道。另外,美麗的腿部線條還需要襪子加以修飾,拜人造纖維普及之賜,過去昂貴的玻璃絲襪也普遍成為流行。迷你裙的流行更助長褲襪的銷售,各品牌風起雲湧,並紛紛推出伸縮褲襪,風行一時。

⑤受到迷你裙風潮所及,連中式旗袍也短了起來.(丘光提供)

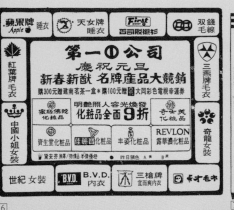

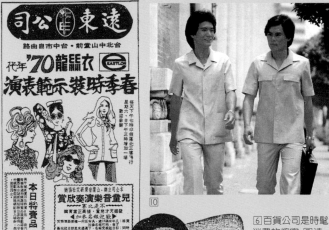

外銷成衣也內銷

1969年紡織品躍居出口第一位，外銷紡織成衣的黃金歲月到來。歐美主要的百貨零售商、甚至高級品牌紛紛來台下單採購，而大量的外銷存貨或退貨也逐漸流入國內市場。尤其在第一次石油危機時，不少外銷單突然被can(cancel)掉時更為甚。此時台灣成衣已逐漸成形，但這類具休閒感又物美價廉的衣飾，也逐漸在年輕人間形成流行，影響大眾穿著與成衣的形式。

[13]津秋是第一家內銷的外銷成衣公司，廣告取自《皇冠》1983.(遠流資料室)

[14]外銷市場趨於飽和，原本外銷的物資，也透過大拍賣的方式促銷，廣告取自《中央日報》，1971.(遠流資料室)

[6]百貨公司是時髦消費的櫥窗。[7]遠百首創女裝街，規模大，款式多，曾名聞一時。(遠流資料室) [9]隨著台灣成衣業發達，百貨公司經常舉辦各式服裝秀，帶動時尚，也刺激消費，以上廣告取自《中央日報》，1970年代初期。(遠流資料室) [8]1970年代牛仔褲開始流行，續續是名牌，1976.(陳佳芬提供) [10]1972年蔣經國出掌行政院，推動行政革新，提倡公務員穿樣素輕便的青年裝，以牛仔褲出名的藍哥也應景推出青年裝，取自《中華民國廣告年鑑》，1981. [11]勝家縫紉機廣告，反映出1970年代嬉皮時尚。[12]德國黛安芬是早期進口的女性內衣名牌，廣告上打出「淑女」訴求，不過售價高昂，以上廣告取自《中央日報》，1970年代初期。(遠流資料室)

[15][16][17]在本土時尚雜誌還不多見的1970年代，王榕生的時裝雜誌吹起一股旋風。(遠流資料室) [18]早期純時尚雜誌不多，有的多半是一些綜合性刊物，如1976年創刊的《淑女世界》。(陳佳芬提供)

起[19][20]從一般民眾的生活照中可以看到，在1970年代，襯衫仍是青年人休閒時的常見穿著，而歐美流行的牛仔褲則蔚為風潮，成為大眾化的時髦穿著。(林月里提供) [21]外銷成衣內銷，開領T恤這類流行成衣也開始取代襯衫樣式。(林月里提供) [22]喇叭褲是1970年代的重要流行。(歐月華提供)

名牌大家穿
流行出少年

1980年代，台灣過剩的資金四處流竄，民間熱衷的六合彩、大家樂、以及已成全民運動的股票等各種金錢遊戲，快速製造出許多新富，他們藉名車華服炫耀財富，突顯自己的身分地位。當時，精品零售業者都可以感受到，只要早上收盤時股價指數翻揚，下午必會有令人眉開眼笑的業績。這與大量湧入台灣的進口名牌商品，可說是一拍即合。於是XO、勞力士、賓士及名牌服飾，共同構築出一個名牌狂熱的年代。

此外，迪斯可旋風也從時髦族群迅速擴散，甚至包括阿公阿婆的早覺會；清晨在公園、運動場，都可見到一群群中老年人，賣力的跟著音樂節拍，跳著他們戲稱「踢死狗」的舞蹈。時尚觀、價值觀，劇烈的翻動著，整個社會呈現空前未有的High。

到了1980年代後期，隨著政治上的解嚴，大眾傳播也漸次鬆綁。報禁解除、有線無線電視頻道開放，台灣的傳播業也進入競爭空前的戰國時代。國內外時尚訊息、流行人物，也大量被傳播、製造。1990年代，國外流行雜誌也紛紛進駐台灣，帶來第一手的世界時尚。

1990年代，青少年逐漸成為時尚焦點，絲毫不讓講究打扮、重視品牌的上班族專美於前。他們成長於傳媒發達的環境下，馳騁在新興的網路世界裡，流行的訊息大量被傳送而來。更重要的是，隨著台灣邁入富裕，他們開始具有消費能力。於是，偶像熱、哈日風在他們之間發燒激盪，他們也開始追趕自己的時髦。（陳佳芬）

1 迪斯可熱潮從1980年代開始在台灣發燒，最HOT的舞步與時髦衣著在此相互輝映，圖為台北KISS DISCO舞廳，1987，李文吉攝。

休閒風潮強強滾

1980年代，隨著財富的累積，台灣人開始有了休閒概念，不再是7-11。於是，在過去家居的隨便穿與外出的正式服之間，出現了休閒服裝。也造就許多廣受歡迎，標榜低價平價、大陸製造的進口休閒品牌。另外，隨著國外興起「休閒周五」(Casual Friday)和「休閒上班日」(Casual Weekday)等時髦的企業管理趨勢，國內不少企業也跟進，以休閒裝束，來紓解辦公室緊繃的壓力。於是，休閒服又越過藩籬，進一步跨入辦公室。休閒風所及，在選舉期間，政治人物也愛以休閒慢跑裝、搭配運動帽，穿梭於選民間，以拉近與常民百姓間的距離。休閒服於是也成為一種選舉的語言。

2 休閒風吹的也是名牌風，除了國際名牌，還有本土的肯尼士。圖為愛迪達休閒服、休閒皮鞋廣告，取自《中華民國廣告年鑑》1981。（遠流資料室）

3 西門町一直是追日族的大本營，從1980年代的原宿族，到1990代的哈日族，東京已成為台灣青少年的時尚首都，1987，李文吉攝

4 隨著民眾消費能力提升，國際品牌陸續引進，「名牌消費」成為20世紀末重要的時髦現象，百貨公司櫥窗也愈來愈與國際流行同步，鐘永和攝。

5 在講究名牌的1990年代，地攤這個最普羅的成衣市場，仍然供給許多人所需，形塑台灣人的外觀樣貌，圖為高雄加工出口區外的成衣攤，1997，劉振祥攝。

《芙蓉坊》1980年創刊,是第一本本土自製時尚雜誌,圖為邁入十周年的《芙蓉坊》.(遠流資料室) ⑦為1990年代,國外時尚雜誌紛紛登陸台灣,發行國際中文版。⑦為1990年《BAZAAR》創刊號.(華克文化公司提供) ⑧為1991年《Elle》創刊號.(遠流資料室) ⑨1993《美麗佳人》創刊號.(同⑥) ⑩⑪為1997年同步創刊的《GQ》、《VOUGE》(美商康泰納仕公司提供)

⊃【時髦地段輪流轉】 流行板塊如同時尚總在迅速位移著,台北時尚驛站百年前從大稻埕出發,行經西門町、中山北路、忠孝東路等地,各自發展出不同風華,圖為台北新興時髦地段信義計畫區。 (1999,鄧惠恩攝)

從1950年代的商展小姐,到1990年代世貿資訊展上的螢光假髮辣妹,都是時髦的最佳女主角,1998,黃子明攝.

⑬婚紗也是時裝業界的戰場,圖為百貨公司婚紗秀現場,1993,黃子明攝.

⑭高價位國際品牌在1990年代的台灣擁有雄厚的市場實力,1997.(樺榯文化提供)

時間舞台上的時髦身影──美麗嘉年華

【圖片說明】在時間舞台上，有的女性站上選美台與人比美，有的成為行業商品代言人，也有人以服務精神爭取支持，雖各有不同，但相同的是她們都是當年的時髦身影。與選美相關的是 ①1960年第1屆中國小姐加冕大會，秦炳炎攝。（中央社提供）②1962年第3屆中姐當選人左起：劉秀嫚、方瑀、江樂舜。（莊永明提供）③第1屆中姐選拔活動贊助券。（來源同②）④⑥1960年代高雄小姐入圍者及選美現場。（黃鷺玉提供）⑧解嚴後1988年舉辦的第1屆中國小姐、佳樂小姐、環球小姐聯合選拔賽入圍者合照，何日昌攝。　產業代言女性如 ⑤1956年郵政小姐侯宛峰（吳興文提供）⑦⑧1971年第1屆觀光小姐選拔會及得獎者，取自《台灣畫刊》。（遠流資料室）　經展商展中講求「服務好、禮貌佳」的女性，如 ⑨1964年經建成果展覽會服務小姐合影。（莊永明提供）　商品代言女性如 ⑩1959年商展小姐候選人瑪莉（香皂）小姐廣告，取自《中央日報》。（遠流資料室）⑪⑫1970年第1屆國貨皇后決選開始及加冕典禮廣告。（來源同⑩）

新辭彙·舊時語

【挽面】藉一塊粉餅、一條棉線，拔除臉上的汗毛，就如同現在的做臉，有清潔、美白的功效，是早期台灣婦女最主要的美容方式。少女出嫁前多會開面以利新娘化妝，而一般婦女在重大日子時也會挽面，使顏面光鮮。

【酒矸仔嫂】早年對酒家的稱呼方式。一些男人愛酒家應酬，享受酒家女子勤的服侍。酒家女子容貌好、肌膚白皙、化妝濃豔衣著光鮮。她們的時髦模樣相較於當時台灣婦女的保儉樸，可說有天壤之別。

【白皮鞋】在戰後初期的匱乏歲月裡,一雙皮鞋便要應付各種場合,這雙鞋通常是黑鞋。生生皮鞋公司每年夏天推出的「白皮鞋來了」廣告,開啟季節分別的概念,以白皮鞋為第二雙鞋,來擴大市場,也反映當年風尚。

【清湯掛麵】1952年開始施行的髮禁,規定中學男生剪三分頭、女生頭髮長度不過耳際。這項禁令直到1987年才隨著解嚴而解除。期間,女生及耳際的直髮及髮根處推高的西瓜皮,被叫做清湯掛麵,是愛美少女的夢魘。

【三圍】在衣服多賴訂做的年代,量身是訂製時的慣常步驟,三圍也包含其中,並無特殊之處。直到1960年代選美出現,以胸圍、腰圍、臀圍做為衡量女性身材的標準,三圍的數字從此成為具有絃外之音的時尚標準。

【對號還本】1970年代,第一、今日等百貨公司促銷手段之一。兌獎方式如同現今的統一發票,百貨公司以按鈕方式取得一組數字,凡消費者所持發票最後幾碼數字與之相同,便可獲得獎品或發票全額甚至倍數的還本。

【青年裝】1972年,蔣經國擔任行政院長,上任後積極推動行政革新。國民領、胸部及下擺有四個大口袋的上衣——青年裝,成為當時公務員流行的穿著樣式,藉以展現革新、效率、積極、儉樸的政府形象。

買東賣西過生活

　　睜開眼睛，你就進入消費世界。

　　踏進20世紀，以物易物的「交換」幾乎絕跡，柴米油鹽醬醋茶，全靠銀貨兩訖的「買賣」得來。

　　挑擔子、擺攤子是買賣，籤仔店、便利店是買賣，小商店、大百貨是買賣，冰果餐飲，也是買賣。而我們就在這個零售消費的世界裡，忽而扮演買者、忽而扮演賣者，在買與賣，在攤與擔、小商店與大百貨之間，柴米油鹽。

　　這是一個最貼近你我日常生活的世界，一點一滴，都在身邊，不必展讀史料，經驗就夠回味。

底圖：幾個挑擔小販湊一塊兒，就成了小小市集。挑擔擺攤是最簡單的買賣形態，從世紀初走到世紀末，街頭巷尾的攤販風情各有不同，但普遍依舊。（莊永明提供，約1930年代，相關主題見p86-87）
右頁小圖：夜市裡的繁華燈火，照亮了庶民的夜晚生活，裡頭吃喝穿用樣樣便宜。圖為台北廣州街夜市。（鄧惠恩攝，1990年代，相關主題見p86-87）

買賣歲月,吃喝過日

王紹中 《台灣世紀回味》研究員

無論在生活日用上,或在飲食餐點上,
20世紀台灣人花錢消費的機會越來越多,
回顧百年,可以見證到一個商品世界的形成。

商品化的世紀

台灣20世紀,可說是商品化的世紀。

百年來,台灣人的日常用品供給,逐漸由簡單有限的購買行為,轉換到複雜大量的消費形態。與此趨勢並行的是,日用品的生產方式,也由早年手工製作或簡單機器生產,發展到以大量生產為主的工業模式。另外,商品的零售系統,也由早期大城小鄉的挑擔子或城鎮小商家的形態,逐漸發展出近期大型百貨林立、便利商店與超市街頭巷尾隨處可見的局面。一世紀以來,商品銷售系統,無論在數量上或種類上,都有巨大的變化。

飲食方面也呈現類似趨勢。即由以家食為主的飲食方式,轉變到以外食為主,進而促使台灣餐飲行業蓬勃發展。而提供生鮮食材的零售系統,也由早期自然衍生的市集,歷經日治時期由政府規劃管理的公共市場、戰後傳統市場、到晚近大量興起的超級市場、量販賣場等多種形態的轉變。

從挑擔子到繁華商街

20世紀早期,在其它販售形態尚不發達的年代,四處走賣的挑擔販是大城小鄉常見的身影。這是最簡單的零售形態。從青果生鮮到日用百貨,一肩擔起,以靈活機動的空間移轉,創造銷售數量,也滿足了當時人們有限的購買需求。

逐漸地,城鎮的商業環境起了變化。1910年代以後,各式商家在市街改正(參見p106,114)後筆直規整的街道旁林立,殖民政府在各地規劃起造的新式市場,也扮演起重要的功能。行走於繁鬧市街上的挑擔人日益孤零,只在商業不暢達的鄉間繼續行走,以販賣日用什細維生。

到了1930年代,大城裡除了有商街,還發展出一些繁華的商業區。如被稱為「台北銀座」的榮町(今台北衡陽路一帶)、「台南銀座」末廣町(今台南市中正路一帶)。摩登的百貨公司也在這些商業區誕生。

這些都標示出日治下的台灣所發生的商品化進程。整體而言,此時的商品多局限於小規模機器生產或手工製造,商品種類與數量有限,價格也較昂貴。在殖民體制下,一些高級的日用商品多從日本進口;另一方面,本地生產的一些商品,如茶、糖、草帽等,則以外銷為大宗。

民生工業與國貨年代

戰後,國民政府主政。走過初期經濟凋敝、金融震盪的局面,1949年,物價與幣值逐漸平穩下來。1953年,第一期四年經濟計畫開始推行。在「進口替代」的發展策略下,幾年間,輕工業如紡織、食品加工等民生產業,紛紛步上軌道,開始運轉起來。工廠生產的各種民生用品、食品,也大大充實了雜貨店、商行、百貨公司的陳列架。

另一方面,工業化交織著都市化,繼續推進戰前已然啟動的都市化進程。更多的都市人口,以及逐漸形成的工業社會生活形態,創造出一個更大的消費市場。民生產業發展再加上消費需求增加,兩方面的因素,共同促生了1950-60的國貨商品年代。

這時,與人們生活距離最近的商店是遍布巷口村頭的雜貨店(籤仔店)。這套雜貨店零售系統的形成,與菸酒公賣制度有關。在這裡,除了可以購買菸酒,還可以買到柴米油鹽等生活必需品。它們可說是最便利的生活補給站。隨著民生工業日益發展,雜貨店裡的商品種類也越來越多,大量生產的品牌商品也日益風行。

除了雜貨店,生活裡還有許多其它商店,可以滿足日常生活的需求。當時的報紙廣告宣告了一個嶄新的消費時代的到來:如商號開幕、邀請知名人士剪綵的廣告;時時可見

的各式商家促銷廣告;許多國產品牌也紛紛出籠,如洋房牌內衣、否司脫襯衫、瑪莉皂、黑人牙膏、利台非肥皂、味全味精油、黑松汽水等,都在報紙上刊登廣告,知名度。

戰前仍屬鳳毛麟角的百貨公司,在19年代增設多家。如台北的中華國貨公司、新百貨、南洋百貨、高雄的大新百貨1960年代中期以後,台北第一百貨、今日司及遠東百貨等新穎氣派的大型百貨公司繼成立,再將零售業推上一波新的高潮。些百貨公司能生存壯大,也充分反映出隨經濟發展,民間日益茁壯的消費能力。

邁入富裕的多變消費

進入1970年代,台灣雖遭逢國際石油機與外交挫折,不過,歷經了戰後近20的高度經濟成長,此時台灣也逐漸走出窮,蓄積了更多的消費本錢。大型百貨公的浪潮繼續向台北以外的大都市擴散,「百貨」也成為各地民眾休閒生活的一部分

戰後遍存於各地的傳統市場,此時也面新的競爭者。隨著社會形態轉變,越來越的人不再有時間「上菜市場」買菜。因應趨勢,超級市場開始出現。與傳統市場的暗潮溼、五味雜陳不同,現代化的超級市提供消費者一個光鮮潔淨的購物環境,貨分門別類陳列清楚,經過包裝處理,標價。消費者在超級市場可以單純地進行購行為,如果沒有特殊情況,整個購物過頭到尾可以不發一言,這與人聲嘈雜、互熱絡、地面狼藉的傳統市場迥然有別。

超市同樣也給雜貨店與百貨行帶來衝擊但真正讓老式雜貨店從街頭消失的因素出在1970年代末期。1978年第一家7-11便商店開張,以類似超市模式的營業形態,占原本由雜貨店所經營的市場空間。爾後

鎖化的便利商店再推出24小時全天不打烊的營業服務，短短幾年間，都市裡的雜貨店逐一消失，為便利商店所取代。1990年代，這股趨勢由都市向鄉鎮繼續蔓延。

再經過十年，零售市場又出現另一個重要變動。1989年第一家萬客隆量販店在台北地區成立，這種主要強調「份量大、價格低」的超大型賣場，讓消費者一次購足周期性更長的生活必需品，以節省生活中花在購物上的時間與麻煩。

除了商業形態出新，還有幾個重要的消費生活變貌。1970年代後期出現的消費者保護運動，讓消費更有保障；進口管制於1980年代逐漸鬆綁，國外商品大量湧入；1987年開放僑外資投資百貨業，外資百貨興起；90年代信用卡風行，也讓購物更方便。

在20世紀末，我們身邊圍繞著密如蛛網的便利商店系統，還有超市、量販店、各式百貨，只要一踏出家門，就走進消費世界。而直銷、郵購、電子商務等方式，甚至我們不用出門就可以消費。除了消費管道多樣，林立的街頭商招、各種媒體廣告，也不斷刺激消費，將我們捲入消費狂潮中。與此相應的，在20世紀末的消費天空下，也出現一些「消費世界生存手則」，教導人們怎樣精打細算、如何smart消費等。其實，各種五花八門的準則中，消費者最該學會的是懂得如何生活。

看貧窮從餐桌前走過

相較於20世紀末的消費狂潮，談到台灣百年來的飲食生活，仍需從家裡自製、不外求的「家食」談起。

談到昔日三餐，現今50歲左右的人，多會以略帶嚴肅的口吻，說起戰後初期那個米糧都不足，需要吃甘藷簽或配領美援麵粉過日子的年代。再長一輩的人，還會憶及太平洋戰爭期間實施糧食配給的艱辛。除了戰亂年代，在農業發達的台灣，人要吃飽基本上不成問題。不過，1960年代以前，魚肉鮮味仍多在逢年過節或拜拜時才嘗得到。平日的配菜，除了青蔬，還有醃漬品等。

相較於早期食品多由家庭自製，戰後隨著生活條件逐漸改善，一般家庭開始從市場買回一些加熱即可食用的食物半成品。食品工業發展後，飲料、罐頭食品與各式調味品也普及起來，增添餐桌上的滋味。1960年代，電鍋、電爐及瓦斯爐，開始取代燒柴的灶或燒煤球的爐，進行一場廚具革新。

到了1970年代，餐桌上多半魚肉不缺，菜色豐富不少。不過，也在幾年間，飲食重心開始從家食轉向外食。上班族生活更繁忙，無法返家煮飯用餐。此外，隨著生活富裕起來，一般人也更有能力上館子。1980年代，因應講求速度與方便的飲食新趨勢，市面上出現許多冷凍食品。關於吃的主張，也從「吃得飽」轉變成「吃得健康」。

20世紀末，對多數人而言，一日三餐要不是都在外解決，就是買現成食品回家吃，或者加熱冷凍食品來裹腹。想要在廚房裡烹調出一桌豐盛菜餚，恐怕要到過年過節才會實現。而此情景與早年只有年節才吃得到豐盛菜餚的情形，是否有種令人玩味的對應？

外食百年變貌

20世紀早期的外食，呈現兩種極端的形態。一方面，它是上層階級才有能力消費的高級餐飲。另一方面，在這個以家食為主的年代裡，它提供一般人簡單小吃或正餐之外的點心。這種情況一直到戰後才開始轉變。

日治期間的高級餐館，主要有台菜酒樓、日式餐館等。1930年代，大城市裡也出現西餐廳、咖啡廳等西式飲食場所，成為時髦新潮的去處。1945年，隨著日本統治時期結束，日系餐飲沈寂一時。1949年，國民政府遷台，外食環境又走到另一個新局面。

伴隨國府遷台的大量新移民，為餐飲業增加了許多消費人口，同時也帶來各方新口味。一時之間，打著江浙菜、川菜、湘菜、粵菜、北方菜等名號的大餐廳小食堂，紛紛開張；牛肉麵、餃子、包子饅頭、燒餅油條等地方小吃，也出現在大街小巷；甚至是原本發展於上海的西式餐飲，也在台復現。

此時，隨著外食人口與需求不斷增加，戰前局限於高級餐飲與平民小吃的外食結構已產生轉變，不同等級的外食場所更為多樣。

1960年代，早先「勤儉建國」的氣氛已不再那麼強烈，餐飲業發展更見蓬勃。這時因美軍駐台，興起一陣美式餐飲與酒吧的風潮；來台度假的日本人，也讓日式餐飲在林森北路、北投一帶興旺起來；為了迎接外國觀光客而設立的大飯店，也附設了許多水準一流的中西式餐廳。儘管如此，高級餐廳、西餐廳仍是少數人進出的地方，一般人平日省吃儉用，偶爾能上個小館就不錯了。

1970年代，民間消費能力明顯提升，餐廳營業額也不斷上升。一般人還是進不了高級餐廳，但吃吃小館倒不困難了。另一方面，鋪張浪費的飲食現象也不時在報端披露，成為政府亟欲導正的社會不良風氣之一。

1980-90年代，台灣邁入富裕，一般人上高級餐廳已不再是遙不可及。1980年代後期，在股市、房市連番飆漲下，有錢的人不再是少數，一些高消費餐飲也隨之蓬勃。而隨著消費能力普遍提高，餐飲業也不斷推陳出新。速食店、泡沫紅茶店是青少年餐飲的熱門去處；啤酒屋、土雞城、茶藝館、咖啡館成為上班族的飲食休閒場所；異國美食餐飲也於此時大量出現。報紙以大幅版面介紹餐飲，美食雜誌紛紛創刊問世。20世紀末，外食消費已成了大眾生活的常態。

挑擔擺攤一世紀

走過20世紀的百年歲月，攤子與擔子，始終是百嚼不爛的路邊景致。

一路走來，攤擔不死，只是逐漸翻新。

硬體翻新。從扁擔籮筐到手推車與小發財，從煤油燈石炭燈到把芭樂照得更綠把西瓜照得更紅的有色日光燈。內容翻新。過去是蔬果醬菜、熟食小吃、豆花麵茶、書報雜誌。「叭哺叭哺」的聲音帶來好吃的冰淇淋，「燒肉粽」的吆喝，飽足了深夜的轆轆饑腸，「砰」然巨響過後，爆米香小販的周圍總有小朋友的歡呼做餘爆。剃

頭的、挽面的，也都是常見的攤子擔子。後來，成衣、私藥、藝術燈飾、玩具、彩券賓果逐一登場，信用卡、大哥大也開闢路邊服務；逛逛夜市，還會看到辣妹公開露出裸背請你來紋身哩。

戰場翻新。菜市場籮筐會與夜市不是唯一陣地；騎樓下與陸橋上，也是它必爭的戰場。

老闆翻新。往昔是農民與手藝人活躍的年代，後來不止學生進場打工、失意商人也靠它度小月。

看來，我們還會繼續挑擔擺攤幾世紀。（鄭林鐘）

① 上層放食物下層擺碗盤的食擔子.
（陳慶芳提供）

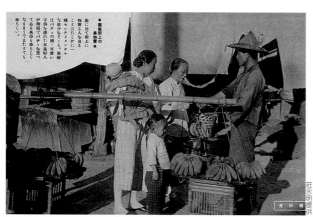
② 挑擔擺攤有著靈活、低成本的特性，是最簡單的商業方式.約1930年代.
（莊永明提供）

③ 幾個挑擔小販從四面八方湊一塊兒，就成了小小市集.聚集處通常選在街道要津或廟埕附近.約1930年代.
（莊永明提供）

↑【穿村走鎮挑擔郎】 日頭赤焰焰，賣貨郎挑著擔子沿著窄小的山城坡道兜攬一日的溫飽。這是1949年的九份，距離1932-43年之間的「大著金」高峰已經好一陣子，採金，是愈來愈辛苦了。儘管如此，日用雜貨、爽口點心的生意多少總有一些可做吧。於是，貨郎依舊穿村走鎮，在高低起伏得厲害的坡間山徑揮汗吆喝：辛苦，哪一個不是呢？（1949,九份,張才攝）

④ 在物資珍貴的年代，連簡單的甘蔗攤也能讓孩童流連忘返.約1910年代.

戰後,等待遣返的日本人出清家當換取現金,路邊宛如市集,立石鐵臣繪.

二手家當,地攤大展

　　美國人搬家,習慣先在老家門前擺個攤子,把不想帶去新家的東西拿出來拍賣。左鄰右舍若有需要,價錢統統好談,出清才是要緊。

　　不過,把二手家當擺攤出清,可不是老美的專利。

　　1945年日本戰敗。在台日人遣返前,紛紛把不能帶回日本的東西「委託台灣人販賣」。找塊地面,帆布一鋪,就這麼一攤連著一攤擺將起來、賣將起來。日治時期在台灣出生的日籍畫家立石鐵臣,把這個奇觀畫了下來(上圖5),讓我們見識到改朝換代下的地攤大展。

　　畫上題名「膭物萬歲」,指的是一般日本人家中所擺設的日本傳統書畫複製品也在拋售之列。此外,日本婦女所穿的和服「衣帶亦甚多,很好賣,改作台灣服很方便,有人馬上拿去有裁縫的地方改好就穿上。衣帶不用改,做椅背墊布,很盛行。」

　　其實,二手貨富含價值,除了物品本身的使用價值,它也反映著種種歷史訊息,由人解讀。而擺攤這種簡便交易的方式,是二手貨販賣或交換的常見形式。

在台北車站前的行人陸橋也有地攤,台灣不愧為地攤王國,1982,卜華志攝.

7 每年三次的岡山籮筐會,有悠久的民俗源流,早期採以物易物,今則趨近於一般流動市集,1984,鐘永和攝.(來源同6)

8 流動夜市的攤販集團每晚在不同地點架燈設攤,有如逐水草而居的遊牧民族,圖為台中夜市,1990年代,丁榮生攝.

9 夜市是定點的攤販市集,提供都市人消遣閒逛,裡頭吃喝穿用樣樣便宜,圖為台北廣州街夜市,1990年代,鄧惠恩攝.

何處買生鮮
青果魚肉滋味美

「李太太，上哪買菜？」是的，李太太要上「菜」市場去，但是她買的可不止是青菜瓜果而已，一趟逛下來，她連魚連肉連雞蛋豆腐統統都買齊——不論她逛的是傳統市場，還是生鮮超市。

買生鮮，到市場。

也許你還記得逛傳統市場的日子，或是「安童哥買菜」之類的歌。

也許你還記得把豬肉用姑婆芋的大葉子包好，再用藺草勒緊，將它掛在手上甩著晃著回家的日子。但就是這麼幾十年的光景，我們就幾乎完全看不到這樣的景象。現代化的超市，一家一家地進駐你我的城市與村鎮，和傳統市場比人氣拚買氣。

買生鮮，大家分。

1970年代澳洲牛肉開放進口，價格超低，令人垂涎，偏偏它只能成箱購買，不能論斤零賣。沒關係！街坊鄰居、同事同學，大家集資合股，照樣快樂便宜吃牛肉。

買生鮮，到產地。

趁著旅遊，到漁港看大船入港分配漁獲，順便拎些最新鮮的魚蝦蟹貝回家。到果園、到菜園，當場吃不完，回家兜些走。

買生鮮，在路邊。

產季一到，花東公路就是「車輛走中間，釋迦蹲兩邊」。高屏公路有黑珍珠蓮霧、北橫是水蜜桃，還有玉井芒果、西螺西瓜、梨山蘋果、官田菱角、麻豆文旦……除了田裡剛採收的，誰能比它鮮？

買生鮮，一定要到果菜市場。卡車將青果從產地一車一車載來，這裡是產銷中介站。半夜兩三點，燈火卻通明，吆喝生猛有力，移動全用跑步。台灣每一天的生命力彷彿都從這裡開始甦醒！（鄭林鐘）

①1896年開業的西門市場是日治時期台北首座公有市場，圖中的磚造建築由早期木造結構改建而成，於1908年啟用。（簡義雄提供）

④隨著現代化交通網與產銷體系的建立，南蕉才能北賣，1940，陳耿彬攝。

⑤台南西門市場初建於1905年，圖為1920年改建後內部井然有序的攤位。

②傳統台灣人的市場由眾多攤販集結而成，缺乏規劃與管理，與日本殖民政府引進的新式市場明顯不同，約1910年代。

③殖民政府起造新式市場，也建立更完備的農產運銷體系，圖為台北的青果批發市場，1940，取自《台北市20年史》。

⌐圖 ⑥下圖 ⑦市場通常營業半日,收市後店鋪繼續供
⌐生鮮,偏遠地方既無市場也無街鋪,有賴小販走賣.

⑧市場就像都市的維生系統.圖為台北果菜批發市場——中央市場,1968,黃伯驥攝.

⑨舊式桿秤,1960年代.(張素娥提供)

●【辦年貨】 快過年了,上市場採購的人擁擠起
來,賣販也比平日多,挑著擔子、推著車子、擺起攤
子、搭起棚子、店門大開,統統來湊這場年度買賣盛
會。五味雜陳的傳統市場裡,人情味也濃。老主顧到熟
店家,買賣前不免寒暄一番熱交情,賣菜附蔥蒜、賣肉
多送兩,下次再來買!（1966,台中,清水,新興路市場,萬金寶提供）

在1990年代,論斤秤兩的傳統市場裡,講究低溫保鮮的超級市場,依然並存,上圖
⑩下圖 ⑪均為黃子明攝.

於公賣局臺灣省

酒菸

高隹零
47.3.13

①老雜貨店外吊掛的菸酒牌是公賣局給零售商的認證.
（張先正提供）

日用品補給站
從籤仔店到便利量販

　　不同的生活形態，造就不同的日用品補給站。

　　人際互動頻繁的農業時代，我們和籤仔店交關。買米買糖、打油沽酒一起解決；鬥片、尫仔標、金柑糖、梅子餅、乖乖、獎品泡泡糖，時時撩動小朋友的渴望。銀貨兩訖賓主盡歡，逐筆記帳月底總結不會被拒，手頭一時不便，賒欠一下也無妨，都是好厝邊嘛！小店仔不但供你採買，還供你聊天，村落裡的人多半在這裡認識，鄰里間的事多半在這裡流傳。

　　都會化的時代，我們光顧便利商店。一天24小時、一周7天，沒有一秒休息，陳列的商品有原則沒定性。不變的鐵則是「獲利賺錢」，可變的商品組合則隨著獲不獲利而進出；貨如逆水行舟，賺錢則進，不進則退。進退之間，社會趨勢就在其中。趨勢觀察家詹宏志就是在這裡，運用「貨架進出法」，進行他的觀察。

　　生活步調更緊張的年代，我們開車奔向大賣場與量販店。一個禮拜的需求量一次買足，飲料一箱一箱地買，面紙大包大包地搬，小娃娃坐在購物車裡嗚哇歡呼，享受比大人還high的購物樂，是採購，也是休閒活動。

　　別忘了還有每件10元的廉價商店、口水直流的零嘴專賣店，進去容易，出來還真不簡單喔！

　　（鄭林鐘）

②日治時期，菸酒鹽等民生品列為專賣，販售店家要先領得牌照，圖為台東街邊雜貨店,1933.
莊永明提供

③日治時期雜貨店一景,桌上是線裝流水帳本和中式、日式算盤,老闆身後是金櫃、草帽、2公升空酒瓶、清酒瓶和半壁上的收音機,這裡可說是老闆的司令台,1942,陳耿彬攝.
文取自《台灣20世紀影像寫真輯》聯合陳政雄提供

④至⑫日治時期,由於日用雜貨的工業化生產程度不高,行銷管道不是那麼便給,當時能夠通行各地的品牌還不多見,各地雜貨商進貨時只能各憑本事,因此雜貨店裡所販售的商品與項目也就差異互見.廣告中的「卸問屋」指的是批發商,「卸小賣」指的是零售商.資料來源:
④至⑧取自《台灣大觀》,1912.（遠流資料室）
⑨至⑫取自《東台灣展望》,1933.（莊永明提供）

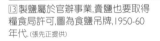

⑬製鹽屬於官辦事業,賣鹽也要取得糧食局許可,圖為食鹽吊牌,1950-60年代.(張先正提供)

【籤仔店小調】 不必什麼大吉大利的店名,屋簷下掛出一個黑松瓶蓋鐵牌或公賣局的菸酒吊牌就是標記。雜貨平台最下緣擺上一只陳售各式香菸的小立櫃、乖乖墨西哥式哈賣二齒,底牌下頭的小孩零嘴、一應俱全無所不包的貨品,再加上一個顧店的老阿伯,這,幾乎就是1950年代以來台灣大城小鄉雜貨店不變的風味。 (1971,台北大龍峒,梁正居攝)

⑮鄉下商家富人情味,左鄰右舍可賒帳,1962,立石鐵臣繪.

一元兩抽

這需要一點賭運,卻沒有人說它是賭博玩具。一塊錢(更早以前是一毛錢)兩個機會,運氣特好的抽到大號獎品,普通的抽到小號,差一點的,就銘謝惠顧了。而所謂大號小號,可不是汽車或黃金,那只是掛在一張海報大小的紙板上的玩具或零嘴而已,但就是這樣,它已經足夠孩子的小小心靈編織一個美夢。

18隻手的觀音娘娘、帶簧片的氣球和獎品泡泡糖,你可還記得⋯⋯

⑯雜貨店常有小孩最愛的抽獎牌,1984,台北,鐘永和攝.(光華雜誌社提供)

上圖⑰下圖⑱1980-90年代,便利商店與量販店先後投入零售市場,老籤仔店也逐一從街邊消失.圖⑰林格立攝,圖⑱邱瑞金攝.(均為光華雜誌社提供)

一屋子的雜貨,味素、米酒和罐頭列隊看齊,伴隨著老店主和牆上被電扇吹動的日曆,時序雖是1990年代,籤仔店的歲月似乎也沒有變過,1990,台北迪化街,張詠捷攝.

從小店面到大百貨
日用百貨的消費型態

　　各種買賣場所,像是一個幫我們解決「日用品缺乏症候群」的醫療體系。擔子、攤子、市場、雜貨店是家庭醫學科,大大小小的商店是各種專業分科,而百貨公司,就是綜合大醫院。

　　頭痛醫頭,腳痛醫腳。買布上布莊,買書到書局,買鋤頭到農具行,買剪刀菜刀上打鐵鋪,一時不知道要買什麼的時候,就逛百貨公司。

　　是的,對大多數的人來說,百貨公司「逛」的樂趣要比「買」的樂趣來得高。1932年台灣第一家現代化百貨公司「菊元」出現,「樓下賣布、樓上雜貨、再上面是玩具,什麼都有,還有稀奇的流籠(升降梯)。」可是,在那多子多孫的年代「帶囝仔顧厝攏未付,哪有閒去逛百貨?!」

　　1965年第一百貨公司的開幕,是當時台北——不!全台灣的一大盛事。許多人到現在還記得那時候爭相到第一公司搭台灣公共場所第一部電扶梯的新奇勁兒;也一直覺得頂樓的遊樂場比圓山兒童樂園還好玩。

　　台北發高燒,南部也沒漏氣。1975年大統的出現,就幫高雄和南部人出了一大口氣。那個年代,到大城市觀光,百貨公司是最受歡迎的去處。

　　20世紀末期,名牌精品店、精品百貨(如中興、遠企)、生活百貨(如生活工場)與藥妝店紛紛出籠;百貨業不止是百家爭鳴,而且還百態齊放。(鄭林鐘)

(B.16)　VIEW OF THE EIRAKUMACHI STREET.(TAIHOKU.)
(街市人島本)　町　樂　永　北　台　　(勝名北台)

①日治期間,無論是大城或小鎮都發展出包羅各行各業的商街,供給當時人們的日用所需,圖為台北大稻埕的永樂町,沿路街屋多開店家,招牌林立。(莊永明提供)

除了普通商街,日治期間大城市也出現高級商業區,常以東京的鬧區「銀座」相喻,圖②為「台南銀座」末廣町。嵌圖③位於末廣町的林百貨標誌。(莊永明提供)

④工商業帶動都市商街繁華,圖為店家雲集的台北太平町(今延平北路),取自《風光台灣》,1939.

1930年代以後,百貨公司雖然已在台灣出現,但仍屬鳳毛麟角,一般日用百貨的供給,多由街邊各類商家來滿足。右上至下圖⑤⑥⑦都屬於賣高檔貨的百貨店廣告,不論是「歐米(美)」或「和洋」所強調的都是進口貨,取自《台灣大觀》,1912.(遠流資料室)

託委家萬受
務服家萬篤
●讓●廉
迎歡·箱冰
脫貨迅速
參觀

萬家委託商行

首東社志勵路西正中：址地

委託寄賣

委託行總是和舶來品劃上等號。委託行的時興，幾乎全拜出國管制之賜。初期的委託行還真是接受委託、幫忙寄賣，後來卻十之八九都成店東跑單幫戰利品的展售地。開放觀光後，也就逐漸沒落了。

⑧廣告取自《中央日報》，1949.（遠流資料室）

⑨綜合商場在1950年代即已出現.（來源同⑧）

⑪1960年代是百貨公司的年代,大型百貨相繼成立,1969.（來源同⑧）

⑩這是1957年台北西門町鬧區,大型百貨的年代還沒到來,街上多的是百貨行與商家,店裡賣的則多是國貨,席德進繪。

⑫南部百貨業霸主——大統集團於1958年在高雄鹽埕成立大新百貨,是戰後南部第一家大型百貨,1973年高雄遠東百貨成立,以嶄新的面貌爭取南部市場,大統集團遂於1975年再成立大統百貨以為回應,圖為大統百貨夜景,1990-92.

【台北東區夜風情】 入夜，燈亮，台北東區的商店街才正要攀上繁華最高點。櫛比鱗次的各式專賣店引來車潮與人潮，身影巨大的SOGO，更是這一帶百貨商店的龍頭。敞亮的購物空間、舒適的空調、親切的服務、經常拿下排行冠軍的亮麗業績……戰前由「菊元」掀起的日系百貨熱又重現台北。（2001，陳輝明攝）

柴米油鹽醬醋茶——家食

「吃飯皇帝大」：吃飯事兒大，在家吃飯的世紀流變，也夠大。

米是不變的主食，吃什麼米卻一直在變。蓬萊米轟動日治時期，但一般人多半吃不起。戰爭造成物資匱乏，吃乾飯更成一種奢侈，有稀飯已經不錯，較常吃的是甘藷簽。到了1980、90年代，傷腦筋的不是沒米可吃，而是要吃什麼牌子的米：池上、關山，還是濁水？

①日治時期的醬油商標.（莊永明提供）

戰後，日本人走了，外省人來了，食品種類與烹調方式也更多樣，連調味料也出現新花樣。賣蘇州天然醬油與豆瓣醬的廠商，還特別標榜「解決了外省人吃的苦悶」。

燒柴的年代，光是生火就可以折騰半天，最後留下一副灰頭土臉。燒煤的時代，還好沒有空污法，否則不知道有多少人家的爐灶要熄火。電爐瓦斯爐問世，讓天空清澈不少。瓦斯爐燃料，先有桶裝，後來也有用管線輸送的。

1960年大同電鍋問世，煮飯效率大幅提高，出國留學都要帶一個。快鍋更厲害了，燉蹄膀只要15分鐘，綠豆一分鐘，工夫菜，看它一只鍋子的功夫就夠瞧。電磁爐則是促進家庭和樂的劃時代恩物，因為火鍋讓圍爐熱呼呼，而電磁爐讓吃火鍋更方便。

桌上的菜色呢？克難年代，一切講求「夠鹹」就好，夠吃就不錯了。肉要搭著青菜吃，或是打牙祭時才能小快朵頤一下；便當是對外的面子，可以稍稍豪華一點，自家吃食，節儉才是美德。至於電視上的傳培梅，那是望來止渴的梅，夢裡常想，嘴上難嘗。後來，桌上菜餚變得豐盛，但桌上的渴望也冷了，吃飯人人配電視。（鄭林鐘）

②日治時代「蓬萊漬」罐裝醬菜標籤.（莊永明提供）

③日治時期醬料店廣告，取自《台灣大觀》，1912.（遠流資料室）

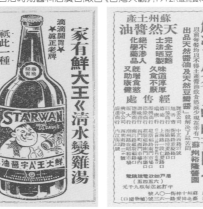
左圖④「家有鮮大王.清水變雞湯」是戰後耳熟能詳的廣告詞.右圖⑤家食配料攪動思鄉味，戰後外省人來台，也帶來了中國各地的「醬缸文化」.（均取自《中央日報》，1949,遠流資料室）

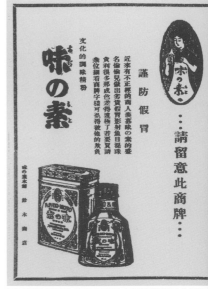
⑦炒菜時添加的味精，早期是由麵筋提煉而成，因此價格不便宜,廣告取自《台灣新民報》,1931.（遠流資料室）

⑧醬油味素龍頭品牌——味全創業於1953年.

⑥早年生鮮食品保存不易，因此多用醃漬物,沿街叫賣醬菜（圖左推車）是昔日常見的景象,1950-60年代,許蒼澤攝.

上圖⑨正蔭油即醬油膏,是餐桌上常用沾料.
⑩米酒是廚房烹調最佳用酒,兩者都替三餐加

甘藷簽年代

戰後初期，台灣還沒有走出戰爭帶來的殘破，我們需要美援，更需要克難精神，需要鼓勵吃甘藷。因為甘藷富含維生素又可以自家栽種，省錢度日，偶爾也可以吃到從教會領回來的美援麵粉所做成的麵食。從那個吃甘藷簽的克難年代走過來，有的人再也不吃甘藷簽，有的人卻對它懷念回味不已。

⑫家食是農業社會的傳統,圖為收割時節,農人正吃著田邊點心來補充體力,1970年代,徐仁修攝.

⑪在糧食不足的年代,政府宣導吃甘藷.(洪聰益提供)

⑬1960年大同電鍋問世,開啓「廚房電器化第一步」,1962.(張素娥提供)

從大灶到小瓦斯爐

「賢明的主婦們，煤球臭味難聞嗎？煤油爐是否常常出毛病？燒木炭太貴了嗎？生火太麻煩了嗎？自來瓦斯既花錢，尖峰時間火力又會變小……」得意洋洋的液化瓦斯爐一一數落在它之前的落伍產品和物不美價不廉的當紅新貴。它渾然忘了，當年煤油爐、煤氣爐都曾經是擁有專利的新發明，也曾風光好一陣；它也想像不到，過了幾十年之後，還有自動點火瓦斯爐的出現。一代新爐換舊爐，在21世紀，誰又知道最「熱」的爐具會是什麼！

百年來「家食」有許多方面的變化.上圖⑱電器化前的舊式廚房,取自《台灣畫史》,1963.(吳興文提供) 中圖⑲讓人民豐衣足食永遠是政府施政重點,團圓飯畫面也是 1950-60年代向對岸進行政治宣傳的最佳樣板,取自空飄大陸傳單,1965.(莊永明提供) 下圖⑳工商社會繁忙,用餐時要全員到齊、三代同桌已不容易了,2000,黃子明攝.

⑭取自《臺灣日日新報》,1907.(遠流資料室)
⑮1960年代廣告.(莊永明提供)
⑯取自《自由談》,1955.(遠流資料室)
⑰取自《中央日報》,1959.(遠流資料室)

南北土洋大拼盤——外食

　　20世紀台灣人飲食習慣的重要趨勢之一，是從以家食為主，轉變到以外食為主的形態。過程中，外食也出現多樣化的發展。

　　除了本土的外食，也有在不同因素下自外地引入的。如日本領台後，台灣人才開始吃壽司、啖生魚片。隨著日本西化腳步，1930年代咖啡店、西餐廳等西式飲食店面，也在都市如雨後春筍般林立。

　　但不論是台式日式或西式，此時外食仍局限於奢侈的高級餐館與市井的簡單小吃。家食仍居主要。

　　1949年國府遷台，外省同胞帶來新的吃食文化，一時間，南北口味在台百香齊飄。美援下的台灣，也開始興起以美式口味為主的簡單西餐。只是在經濟還沒發生奇蹟、生活還在追逐溫飽的歲月裡，上館子，那可是大事一椿。

　　1970年代以後，台灣逐漸變得富裕。錢變多了，時間變少了之後，外食就更發達了。台灣人「一年吃掉一條高速公路」的警語，言猶在耳，各式的飲食消費方式的發展，仍繼續狂奔到世紀末，畢竟「吃飯皇帝大」！

　　大餐廳不再只有大人物才吃得起。除了貴族式的服務外，自助餐也到處風行，用力吃到飽，啥物攏不驚。匆忙的午休時間，公司旁鐵定有簡餐店或快餐車。麥當勞賣得世界第一貴，照樣有長串人龍在排隊。精緻大餐吃膩了，原住民野菜變新貴。花園餐廳、溫泉餐廳、啤酒屋、土雞城除了給你口腹感，還給你休閒感。都市異國美食林立，彷彿在宣告著吃無國界！（鄭林鐘）

①沿街叫賣的擔子提供便宜小吃，是最簡單的外食，1920-30年代.

②外食需求擴大後，各式食店應運而生，圖為1930年代學生食堂.

③小吃原本是正餐之餘的點心，但隨著吃的人口增加，小吃攤也越做越多樣，並發展出特色，圖為市場內小吃攤，1940, 立石鐵臣繪.

日治時期餐廳芳名錄

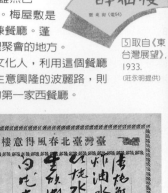

④取自《台灣大觀》, 1912.（遠流資料室）

　　日治時期，台北的餐廳就已經非常發達，城內和大稻埕更是菁華。

　　東薈芳最早引領風騷，梁啟超曾經在此和台灣議會運動領導人林獻堂共餐。而後江山樓繼起，到現在雖然已經風華不再，豔名卻依然響亮。梅屋敷是孫中山先生來台時下榻的飯店兼餐廳。蓬萊閣是許多文藝團體、勞工聯盟聚會的地方。山水亭的老闆王井泉本身就是文化人，利用這個餐廳提攜後進不遺餘力。至今依舊生意興隆的波麗路，則是以欣賞西洋古典音樂為號召的第一家西餐廳。

⑤取自《東台灣展望》, 1933.（莊永明提供）

⑥大稻埕的「春風得意樓」成立於1917年，由日治時期台灣民主運動人士蔣渭水開設，是當時社會菁英聚會所在，菜單上台菜風味的菜色和今天相差不大，1921.

【悠哉吃大碗】 「麻雀雖小，五臟俱全」真是那年頭的特色，小小敥仔店包羅萬有，小小飲食擔也是冷熱通吃。一擔上肩，生鮮蔬果OK，熱騰騰的麵湯料理也OK。小椅小桌應付到到，鍋碗瓢盆樣樣不缺，管它車水馬龍會否挨上來，大食漢與貓食者各自悠哉。（1956, 李壽康攝，中央社提供）

大江南北味，結夥來台灣

1949年中央政府遷台，也因此把台灣變成了美食共和國；大江南北、各省口味幾乎全數報到。

閩粵菜不用多說，雲南菜並未缺席。江浙川湘、維揚名點、金華火腿、道口燒雞、北京烤鴨、陝西泡饃、東北火鍋、蒙古烤肉、新疆全羊……豪放的小巧的、酸的辣的香的甜的……不必反攻大陸，我們早已統一了口腹的河山。

但是要找完全純粹的各省口味，卻又不見得容易。說得明白一點，它們都已經是「台式改良川菜」「台式改良湘菜」「台式改良……菜」了。

⑦至⑩廣告取自1949-1956年《中央日報》.（遠流資料室）

異國美食樣樣吃

正宗台灣味

小小火柴盒也留下台灣餐飲的發展點滴. 圖⑫至⑱是異國餐飲，早期它們發展有限，1980年代後才蓬勃起來. ⑲至㉑則呈現出食補、生猛海鮮及懷舊小吃等三種本土餐飲風貌.（圖片來源：⑫⑬⑮⑰⑱⑳張先正提供. ⑭⑯⑲張芳玲提供. ㉑黃秀慧提供.）

㉒1984年首家麥當勞成立，速食餐飲登陸台灣，並迅速風靡於年輕人間，圖為麥當勞結帳情景，1988-89，黃子明攝.

980年代後期興起的啤酒屋屬本土自創飲食文化，1991，高雄，黃子明攝.

㉓各式新舊台灣小吃，開創出平民大眾的美食天地，也成為國際觀光客必定造訪之處，圖為士林夜市，1999，劉振祥攝.

飲冰室紀事
飲料冰品百年風情

人對水總有一種莫名的依戀。不管做法衛不衛生，不管它攙多少色素，人總是把液態的水搞得五花八門，固態的冰弄得好吃好玩。

白開水喝多了乏味，人們開始尋求非純水飲料。天然果汁最簡單，茶與咖啡也夠味，牛奶羊奶挺營養。加點兒糖、灌一些二氧化碳，汽水誕生了，然後，沙士、可樂、果汁汽水……碳酸飲料家族一一上台——沒喝過黑松汽水的請舉手！

這還不夠，養樂多讓我們知道有一種玩意叫做乳酸菌飲料，寶礦力第一次把運動飲料介紹到台灣，還有奧雷特、康貝特、保力達蠻牛，不知道它們算不算「飲料」？搞怪多多之後，反璞歸真，1990年代晚期，換由礦泉水、純水、加味水當主角。

酷暑台灣，冰不可缺。沒有冰箱的年代，冰店可不一定是賣剉冰的地方，它真的只賣大冰塊哩！

剉冰，算是國寶級的台灣特有種。撒一點紅紅的酸梅水或芬芳的香蕉水，老式清冰回味起來令人垂涎；新式的搖搖冰、綿綿冰也引領過一時風騷；芒果冰流行起來，像葡式蛋撻一樣可怕。對了，你吃過「雪裡相思」嗎？——紅豆冰是也！（鄭林鐘）

① 不管是剉冰店的蜜豆冰四果冰，還是腳踏車賣冰小販放在木箱裡的枝仔冰芋仔冰，都是台灣小孩炎炎夏日裡最清涼的美夢，1950年代，傅良圃攝.

② 冷藏設備不普遍的年代，製冰店供應冰塊，取自《台灣大觀》，1912.

③ 街頭販賣機供應冷飲或冰品，但種類不多，特色不足，買氣始終不旺，取自《中央日報》，1963.（遠流資料室）

④ 冰塊快遞是「前冰箱年代」的特殊服務，1949.（來源同③）

⑤ 一碗清涼降火的杏仁茶曾是街頭消暑良方，不過隨著冷飲產業發展，瓶裝飲料處處可見，杏仁茶擔已從街頭消失，1969，彰化八卦山，李悌欽攝.

⑥ 電動搖搖冰曾於1980年代流行一時，所賣的其實就是冰沙，1983，楊永山

⑦至⑨冰果室於1970年代盛極一時.（張芳怜提供）

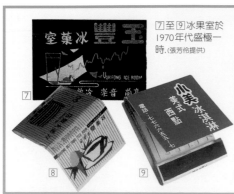

從冰果室到泡沫紅茶

冰果店除了餐飲，也是消遣約會、聊天議事的所在。小攤子也賣冰果，但就是少了這麼一點可以「泡」的味道。除了傳統的冰果室之外，木瓜牛奶曾經是一個新的創意，高雄牛奶大王在1966年開業，現在連泰國普吉島都有分店。1983年掀起的泡沫紅茶旋風，更號稱「台式咖啡館」，不但從台中燒遍全台灣，還燒到香港大陸與日本。

⑩⑪1983年第一家泡沫紅茶店在台中開業，此後逐漸遍布全台大街小巷，陳輝明攝.

⑫成立於1934年的義美餅店，1989年推出紅豆牛奶冰棒，陳輝明攝.

彈珠汽水歷史之悠久,從這張1930年代中學生作夥暢飲的模樣可知.

1970是玻璃瓶裝汽水最風行的年代,汽水品牌也已多樣化,李梅樹繪,1974.

油彩,89.5×130cm,李梅樹紀念館提供

洪聰益提供

從熱茶到冷飲──台灣茶飲熱鬧上櫃

19世紀初期,台灣人就開始喝茶,19世紀後半到20世紀前半,「福爾摩沙茶」風光國際,台灣人喝茶,夠悠久。可是說也奇怪,當汽水果汁沙士都已經竄升熱門飲料了,台灣茶卻始終沒有變成大量生產的商品,直到1990年代才出現開喜烏龍茶,而且許多飲料公司的茶葉原料還是從價格低廉的產地進口來台的呢!

上圖15 16 日治時代台茶包裝.(莊永明提供)及右圖17海報.(台北茶商公會提供)

18開喜烏龍茶在1990年代打開包裝茶冷飲市場,開喜婆婆紅遍一時宛如20世紀末茶品代言人.

信喜實業提供

⬆【黑松的大玩偶】盛大的媽祖生廟會,在大甲街頭熱鬧展開。活動中巨大的傀偶搖搖晃晃走來,這不是七爺八爺,也不是大頭尪仔,在這個電視才剛開台、傳播媒體不怎麼發達的年代裡,這是黑松公司生動有趣的街頭活廣告。廟會裡,七爺八爺很威猛,但汽水爺、沙士爺和果汁爺更風光。(1964,大甲,黑松公司提供)

19檸檬口味飲料商標,日治時代.(莊永明提供)

20 21 黑松前身進馨商會創於1925年,從早期三手牌彈珠汽水,到1980年代開始風行的寶特瓶裝汽水,黑松可說是台灣汽水常青樹.(黑松公司提供)

22 1950-60年代台灣有許多中小型廠商加入飲料市場,圖為白菊汽水商標.(莊永明提供)

上圖23美商監製,台灣生產的蘋果西打1965年問世.(莊永明提供) 右圖24可口可樂1968年在台上市.(可口可樂公司提供)

[1] 臺南名產 各種瓜漬罐詰物 最上香瓜漬醬油 姚成齋 臺南市永樂町一ノ四二 振替口座臺灣五八九七番

[2] 大江 大江洋榮 農林企業股份有限公司 首創電話購貨 省錢節時・便利迅速 原味醬油 金華火腿 無錫麵筋 請撥 臺北市 羅斯福路七十八號 6596

[3] 一年一度答謝用戶 原味醬油 大贈品

[4] 味全味素 用戶 大贈送！多購多贈！ WEICHOU

[5] 唯他牌他唯 好道味他唯 營養豐富 兒童珍品 唯他肉鬆

[6] 泰康食品公司 糖菓餅乾 一律九折 凴比折扣證向憑此・仍九折中西日

七星牌橡口男襪 每雙六元五角・一品牌軟白毛巾 每條三元八角・一品牌彩條毛巾 每條五元・美琪牌欖油香皂 每塊二元八角・黑人牌白齒牙膏 每支五元二角（1952年百貨聯合大減價

[7] のみのコバタ カモス齒磨

[8] 美齒香牙粉 愛國製

[9] 黑人超人氣牙膏 DARKIE 出地大號 每枝可節省三元

[10] 司令牙膏 姐小齒膏

[11] DARKIE TOOTH PASTE

[12] 恭賀新禧 聖誕老人牌兒麥 維他命麥精片 響應總統號召 拯救大陸同胞 消化容易 營養豐富 育嬰聖品 大眾點心

[13] 贈送十彩畫片 商冊庄樣 每小盒售價伍角 白雪公主 泡泡糖 華懋公司出品

[14] 美琪藥皂 Majestic 美琪幸運券 特獎獨得獎金貳萬圓 美琪香皂 美琪藥皂 為酬謝用戶愛顧盛意本廠出品之美琪香皂藥皂塊塊均附有美琪幸運券一張 170040

[15] 瑪莉 橙色 香皂 瑪莉香皂

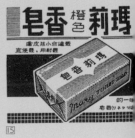

紙上雜貨店

【圖片說明】 紙上商店裡有吃有喝有用，但只供回味不出售。食品及商店廣告，如1至6、12 13等，1取自《台南名勝舊蹟案內》，日治時期。(遠流資料室) 2至6取自《中央日報》，1949,1956,1963,1953,1953.(遠流資料室) 7 1960年代.(洪聰益提供) 8 1960年代.(陳慶芳提供) 商店裡也賣清潔衛生化妝用品，如7至14、14至24等，7日治時期顏水龍所繪牙粉廣告.(蕭干峰提供) 8 1950年代.(蔡進昌提供) 9 1958.(來源同2) 10 1962.(來源同2) 11 (莊永明提供) 14 1958.(來源同2) 15 1959.(來源同2) 16 1952.(來源同2) 17《臺灣攬勝》,1955.(遠流資料室) 18 約1980年代.(周朝行提供) 19 1970年代.(蔡進昌提供) 20 1960年代如意洗衣粉火柴盒.(張先正提供) 21 貝林痱子粉,1960年代.(王雅慧提供) 22 1960年代.(來源同21) 23 1970.(遠流資料室) 24 約1960年代問世的三花牌毛巾至今仍在販售.(王紹中提供) 當然商店裡還有菸酒飲料等商品，如25至27等，25 1958.(來源同2) 26 1964年菸酒禮券.(來源同2) 27 1953年黑松汽水瓶蓋抽獎.(來源同2)

新辭彙・舊時語

【雪文】 台灣人早期對肥皂的稱呼。肥皂在日治時代傳入，雪文就是根據soap的日文音所形成的外來語。後來歌謠〈雪梅思君〉傳唱一時，雪文再被誤傳為雪梅。不過，同時期的中部人也循古名，稱肥皂為「茶箍」。

【不二價運動】 商品售價不明確，衍生出買賣雙方討價還價的現象與糾紛。19□年台北市扶輪社首先開始推行商品不二價運動，當時獲得36家商店的配合。19□年官方也積極投入，由經濟部製發統一的不二價標誌□

【貨真價實運動】 1960年由官方主導的商場革新活動，鼓吹「貨真價實童叟無欺」「商品標價照實出售」「貌周到服務第一」等三準則，當時並挑選出示範號，具體落實要旨，商家以此名號自我宣傳一番。

【梅花餐】 戰後初期，台灣人普遍貧窮，糧食不足的問題，讓營養不良成為當年寫照，魚肉味兒只有逢年過節才嘗得到。1970年代，隨著台灣經濟日趨富庶，社會上奢靡風亦起，餐席間常見大魚大肉鋪張浪費的景象。

1982年省政府發起梅花餐運動，倡導兼顧營養均衡與簡樸風尚的飲食方式，改變台灣人「一年吃掉一條高速公路」的浪費習性，五菜一湯的菜色因而喧騰一時。不過，這種想以政治改造社會的舉措，最後也證諸失敗。

【血拚】 shopping的音譯，指購物行為。更廣泛地說，血拚一詞代表著1980年代中期以後，台灣人的一種生活趨向與方式。經濟富裕下的台灣人，購賣力隨之增強。國外旅遊解禁、商品開放進口，也使得商品市場日益暢旺。在「有錢可買」與「有貨可賣」的基礎上，台灣人的消費觀逐漸改變，消費時代登場。逛街買東西不再是為需要而買，而是為愉快、慾望而買，為「瞎拚」而買。政治上的開放解禁，也加碼了這個消費商業風潮。

大城小鄉
蓋房子

建築建構出台灣最具象的實質環境風貌，也以多樣的風格為台灣歷史記述其發展歷程，甚至成為台灣社會在文化、科技、經濟體系下的綜合見證。

日治時期台灣建築包含了前期引入的西方建築體系、融合前清時期的傳統閩南建築為主的民宅、日式木造的公教宿舍、大量興建之以西方建築形式為布局的官署建築、漸次發展的日本與西洋建築合為一體的和洋風建築等不同體系的房舍，奠定台灣都市與建築架構的現代化基礎。

戰後的五十餘年，又迭以現代主義國際風格、仿中國北方的宮殿式建築、傳統中國建築現代化，與以鄉土建築為旨趣的新歷史風格建築、商業建築、後現代與解構世代等不同時期，它們都發展出為數眾多的建築，一一為當代街頭刻畫不同意義的圖譜。

底圖：在水泥叢林裡垂直高聳的摩天大樓，構成了1990年代台灣城市的面貌。（劉振祥攝,相關主題見p116-117）
右頁小圖：沿著大地逶迤漫延的傳統紅瓦屋簷，是1930年代台灣市街風貌的主調。（莊永明提供,相關主題見p106-107）

建築風華變幻多樣

丁榮生 《中國時報》文化版記者

綜觀百年台灣建築，主體性格不足，所依附的社會經濟條件，
長久以來又有所偏頗。不論是日治時代的仿歐式建築、
和風宿舍，或是國民政府時期的仿中國宮殿建築，
以及近年崛起的玻璃帷幕商業大樓等風潮，
都難以說是有完美的成果，足以突顯於世，證之為台灣建築風格。

從百年前的茅草屋，到創世界紀錄101層摩天大樓建築藍圖的提出；從早期村民合作集體搭建草厝，到晚近國際建築名師落腳台灣，提出具有個人風格的規劃案；以及從遮風蔽雨的基本居住功能需求，到屋宇成為理財投資工具之一。台灣20世紀建築發展的圖譜，呈現出呼應族群、文化、科技、經濟等多向度的價值。建築百年來的演替，也是理解台灣20世紀歷史的明證之一。

時代演替的建築發展

1901年的史料上，記載著一些當年完工的重要建築，如總督官邸（今台北賓館）、日本人第一次興建的台北火車站（今為1980年代新建）、圓山的明治橋（原為鐵橋，後改建為拱橋，即今中山橋）等。這些百年前的建物，不只是現代人所未見，連留下的圖像也相當模糊。即使1941年改建的台北火車站，都於1980年代隨著鐵路地下化工程而拆除。可見這類20世紀初期的建築案例，儘管多數的官署建築或公共建築為加強磚造或是早期的鋼筋混凝土造，且為當時引進的所謂式樣建築的重點案例，但在台灣常年多颱風、水災、地震以及蟻害的侵擾下，多不復存。這些自然風土的因素，說明了台灣百年來重要建築難以尋覓的緣由。此外，戰後台灣社會注重開發、忽視保存的觀念，也使得百年建築只能留在史籍與後世相認。

雖然如此，歷經日治與國民政府統治的兩個時期，台灣建築一方面隨著時代潮流進行演替，一方面也因多族群共存，呈現出同時代的多元類型現象。其風貌可粗略區分為：原住民建築、漢民族閩粵語系為主的中國傳統建築、日治時代引進的仿歐式樣建築、和式建築、和洋風混合風格的建築、仿新藝術與裝飾藝術建築、仿新古典主義建築、現代主義國際式樣建築、仿中國北方宮殿式建築、戰後安置軍眷的眷村建築、後現代鄉土主義或仿西方後現代主義的變調古典風格建築等。這些不同主流類型或次類型的風格發展，把台灣的建築圖譜區隔成許多不同面向，令人目不暇給。

多元的建築型態

漢族移民、日本人、戰後移入的大陸籍住民，都曾經因緣際會地，以人口數量優勢或政治統治權力的優勢，成為台灣某一時期的主流住民，進而以其意識型態主宰建築風格的發展。例如漢移民侵擾原住民，形成原住民部落大量地為閩客聚落所取代，導致原住民住屋，在偏遠山地或海邊才得以殘存。

至於曾經短暫統領台灣某一地區的歐洲國家——荷蘭、西班牙，其建築形式在台雖曾有殘留，但基本上並不影響近百年來的建築類型。台灣的仿歐式樣建築，反而多數是在日治時代，由明治維新後向歐洲取經成功的日本建築界所引入，包括都市計畫與建築設計。但近年新建的浮面式的歐式建築，或風行的「歐化名稱」社區，則是建築市場商品化的銷售操作，非關建築意識型態的模式語彙的引入。

同樣的，戰後在台灣大量出現的眷村，乃至仿清式中國宮殿建築，在某一時期，出現在一些公共建築（如南海學園的科學館）、大飯店（如台北高雄的圓山大飯店）、餐廳或天主教堂等案例上，反映出在政治思維需求下風行的建築類型。只是當風潮一過，就突顯該時代的操作模式與意識型態的刻板。

然而，在百年的演替中，卻清楚地記述著由農業時代的傳統閩粵合院農宅，更替到日治時代以歐式建築為藍本，當時做為主流發展的官署建築；再至戰後的低層連棟住宅，最後演變為晚近以商業大樓與住宅為建築主體趨勢的脈動。

都市化的演進

建築潮流的興替與都市發展息息相關。台灣的現代都市發展，恰好奠基於1900年開始施行的都市計畫。台北、台中、台南、新竹等數座大城市，皆在數年間，由城牆環繞的傳統中國式城池，經過拆卸城牆、劃定街道興築街屋，建立出以安全衛生為宗旨的新城市。其他以產業發展為主的中小型規模城鎮，也在稍後的年代一一建構起來。

透過街屋興建、土地使用分區、街道家具布設等方面的規劃，台灣各城市的建築有著高度的一致性。如幾乎相同的高度、幾近統一的面寬與進深尺度、風格接近的建築立面、幾乎皆是「前商後住」或「下商上住」的使用型態，以及台灣最獨特的——街屋底層沿街騎樓的設置等都市建築語彙。而這樣的都市化格局，也持續其發展架構直至今天，仍不改其基本模式。

當然沿街的商業建築，因應都市格局的擴大以及建築技術的發展，早已非當年的低層建築量體架構，但騎樓的設置與沿街商業空間的強度發展，百年來不僅沒有改變，反而成為台灣都市風格的一大特徵。甚至攤販經濟的活躍，也多拜騎樓與線性商業空間所賜。而晚近充斥各城鄉騎樓的檳榔攤與檳榔辣妹屋的風行，更形塑出台灣都市中永恆存在的臨時建築，成為舉世無二的獨特風貌。

20世紀初日本人的都市計畫，將火車站與官署建築之間的區域規劃為都市核心區。歷經百年發展，漸次演變成以商業建築群為主核心架構。晚近20餘年來，更形成開發新都心為主體的都市計畫新架構，如台北的信義計畫區、台中市、台南市、高雄市重劃區，皆演變成多核心城市，甚至導致舊市區的沒落。有些地區再藉由都市更新與通動線重新布置的契機，才慢慢恢復其舊都市活力，如台北市西門商圈的復甦。

建築商品化的操作

早在1920、30年代,建築商品化現象已在台灣出現。根據史料,當時為了因應市街改正計畫的執行,興起了新建沿街共同壁的街屋商業建築風潮,藉由商業操作的手段,在先建後售或先售後建綜合運用的複雜條件下,起造出大片街屋。自北而南的一些知名老市街,例如今日的台北迪化街、三峽民權街、湖口老街、員林老街、西螺老街、新化老街一直到旗山老街等地,皆以接近標準化的設計準則營造街屋。其主要功能在於滿足零售商品販賣兼住家之使用。從其建築格局,可以很清晰地觀察到建築物被商品量化制約的情況,這種概念其實也延伸到1950年代的「販厝」。

晚近30年來,台灣建築的主流形式更是非「房屋市場」莫屬。這是在以輕工業與中小企業為主導的經濟發展策略下,人口大量集中都市後所產生的現象。在此情況下,住宅及店面式商業建築成為建築市場的主流。1980年代之後,台灣經濟更轉型為以服務業為主導的型態。因此,住宅市場加上辦公大樓類型成為建築開發主流。於是,早已運作多年的房屋預售制、樣品屋、集合住宅式的別墅、樓中樓特殊配置、集合住宅共同持分庭園、頂級豪宅等特殊的房屋市場用語與特殊意涵空間,就與民眾生活息息相關。

房屋銷售預售制,產生了上千家房屋銷售公司、仲介公司等旺盛的建築市場銷售管道,但同時也出現了許多詐騙購屋者錢財的不法事件。此外,極致商品化的台灣房地產,也導致建築設計的不正常發展。因為房市場流行之風、銷售市場的易變特質,都使健全的建築設計環境難以形成,使得整體建築風貌、城鄉景觀,屢遭各界詬病,連國外媒體也常藉由1990年代的房地產樣貌,批評台灣的金錢遊戲與不健全的建築發展。

專業分工的設計人員

百年來,參與台灣實質環境發展的專業範疇,包括制訂都市計畫、土地分區使用、建築管理的政府相關公務單位。從規劃設計到監造,建築師是主要角色,也是塑造單棟建築特質的靈魂人物;室內設計師是在建築商品化的量化條件下,提供個別屋主室內使用需求的設計人員;景觀設計師則是處理建築與都市空間之間外部環境的設計者。相關的執行者還包括,建築設計之後的營造廠、景觀設計之後的景觀營造公司與園藝公司。

當然,建築風格的塑造,最主要的角色仍是建築師。日治以來,在台灣活躍的建築師就廣受矚目。當時受過歐洲建築教育薰陶的日本知名建築家來台之後,不論是任職於總督府營繕課、鐵道部、或各事業單位營繕課等單位,都為台灣留下不少精美作品,並且都是在當代建築史留下記錄的人物。例如設計總督府(今總統府)的長野宇平治、總督官邸的野村一郎與森山松之助、台大醫院的近藤十郎等人。

戰後早期,有來自大陸及日治時代培養的建築名家,如基泰工程司關頌聲、盧毓駿、金長銘、林慶豐、虞曰鎮、林澍民、李重耀、楊卓成、林柏年、王大閎、張昌華、張德霖、張肇康、黃寶瑜、修澤蘭、陳其寬等人。之後,漢寶德、沈祖海、蔡柏鋒、陳昭武、吳明修、彭蔭宣、李祖原、費宗澄、陳邁、高而潘、王昭藩、陳森藤等也多各領一陣風騷。1980年代後期至今,中生代及年輕建築師興起,如黃永洪、登琨艷、姚仁喜、黃建興、簡學義、黃聲遠、邱文傑、龔書章等,都有富於個人風格的作品出現,可說一代接一代,豐富了台灣的建築成果。

古蹟、歷史建築與建築再利用

1970年代,台灣興起對鄉土文學以及鄉土藝術的重視。建築,也在當時一些藝術家、建築學者的鼓吹之下,從本土視野去張望前景。一則在設計面向上,擷取本土建築語彙與題材,以呼應當時世界建築潮流下的重視歷史、重視地域情感的後現代主義訴求。再則,以保存傳統建築為意旨,制訂了「文化資產保存法」,將有價值的古建築,劃定為古蹟。並且採取相當手段,保留一些原本因都市計畫道路劃設而準備予以拆除的重要建築。而古蹟的保存與整修,也在近20年來幾經變革,初期只保存百年以上的清代建築,後來逐漸擴大範圍、放大視野,直至日治時代重要建築,乃至戰後初期作品。

另外也以整修為主體,旁及舊建築再利用的課題。1999年的921大地震之後,歷史建築也被納入保存範疇,古蹟保存因而發展出再利用與經營管理的新課題。

主體性不足的建築觀

建築發展經緯萬端,但總是與經濟、社會運作的主要環節有關。台灣建築百年來發展,所呈現出的海洋文化面向極其明顯。一方面突顯多元族群的風貌,以及多次不同政權所主導的建築意識型態;晚近更在商業強勢運作下,與世界主流建築思維密切接軌。但在經濟價值被突顯之餘,文化與藝術層面的體現,似乎顯得較為薄弱。其次,台灣20世紀三次大地震,分別在1906、1935、1999年發生,造成震央地區周遭大量房舍倒塌、人畜傷亡事件,在在反映基本的建築安全需求,仍有盲點存在。尤其世紀末的災變,更令建築設計與營造業蒙羞。

綜觀百年台灣建築,主體性格薄弱,而所依附的社經條件亦有所偏頗,難以說有完美的成果,足以突顯於世,證之為台灣建築風格,殊為可惜。

①草屯車站前新建的街屋與台車軌道，以及路上遊蕩的豬隻，呈現出日治時期新市鎮與舊式生活方式的並存交錯，1920-30年代.（莊永明提供）

②日治時期市街改正後的街道景觀.圖為台南大正通（今中山路）.（莊永明提供）

都市的容顏
從現代市街開發到多核心城市

從1900年日本殖民政府就提出的市區改正計畫，到今天以土地重劃形式所設置的副都心或重劃區，台灣的都市發展至今仍保有傳統市集、巴洛克式都市計畫及土地重劃等不同時代的疊影效果。

日人早期拆除清代城牆闢建道路，並進一步藉由「家屋建築管制規則」，強制街屋設置騎樓而形成都市獨特風貌。這些「下商上住」的商業建築，也成為台灣南北大城小鄉最具一致性的特色。直至今天，都市雖以商業高層建築為主流形式，但仍強調地面樓層的商業價值，促使商業區成為都市發展中的強勢風貌。

由於一樓往內退縮而形成的騎樓空間，使得都市街景的特色在於櫥窗布置，這道通透的「都市隧道」也是市民的主要步徑。因下商上住的使用型態，街屋的連續建築立面，成為商家招牌的懸掛處，使得原本構成都市街景的建築主角淪為背景，這是台灣都市風貌與其他地區最具差異性之處。

都市由單核心演變至多核心，以及官署建築原為都市核心的地位漸由商業建築所取代等，均為台灣都市近20年來的發展趨勢。預料未來新的都市核心將是大型商業、辦公與會議、展示與旅館結合的複合式建築。（丁榮生）

③彰化員林於18世紀上半葉形成市街形態，日治時期再經現代式規劃，圖為員林街本通上的新式二層樓街屋，約1930年代.（莊永明提供）

從雜亂無章到棋盤規格──台中市街改正範例

臺中市內管區圖

臺中市街圖

1900年日本人在台中市進行第一次都市計畫，將清代自然發展而形成的不規則道路，藉由九宮格式的規劃，以及與南北座標呈45度相交的矩陣架構，塑造出街屋與道路都相當有系統的新城市格局。

在規劃之初，日本人鑑於清代的台灣聚落，存在著人口過於稠密與街道系統雜亂的弊端，同時也缺乏下水道、路燈等設施。因此，期望透過都市座向與空間規劃上的重新設計，改造為陽光普照的規律格狀型都城，建造出一座既衛生、又容易管理的中部州級都市。然而，此舉卻也造成日後台中市中心飽受長日照之苦。

「九宮格矩形方陣」與「圓環式巴洛克都城」為日人在台進行都市計畫時常用的架構，今日在台灣多座城市中，仍能在舊市區觀察到20世紀初日本人所設置的都市計畫型態。

④台中市街計畫圖，約1930年代.（鄭世璠提供）

⑤台中中山路綠川橋夜景，綠川原名新盛川，經日人整建成下水道後，沿岸遍植柳樹，為市民休憩之處，1955，洪孔達攝.

⑥以閩式紅磚瓦構成的高雄旗後街屋，巷道曲折錯雜，充分顯現台灣人傳統聚落的特色.約1930年代.

從單核心到多核心

日治時期所進行的都市計畫，奠定了台灣都市現代化的基礎。當時，各都市以政府官署建築，輔以火車站，形成城市的核心區。

以台北為例，最高統治機構——台灣總督府（今總統府）為中心點，加上周遭的政府機關及火車站，再搭配榮町通（今衡陽路）、本町通（今重慶南路）等商業街，構成完整的城市生活圈。

近四、五十年的都市發展，一則因應人口激增的需求，二則因商業區的強勢發展，三則因高速公路連結城市的交通路徑等因素影響下，台灣各都會型城市皆發展出多核心城市的形態。此外，或有以副都市開發的方式，將政府機關大樓遷移，形成新的核心，如台北市、台南市、嘉義縣、新竹縣等地即屬如此。或以重劃市郊土地的方式，重新規劃大面積的商業區或住宅區，其中又以台北市、台中市、高雄市等地最為明顯。

❶由台北縣八里方向遠眺淡水,可看到高樓聳立的住宅群,2000,陳輝明攝.

❷【港都夜景】 整齊畫一的道路，是近代都市規劃以後的產物。從20世紀初開始，台灣的都市從大至小，依序體驗了從凌亂到整齊的過程。小鄉鎮大概只有三、四組橫直交錯的街道，大都市則還有圓環。為了銜接舊市區裡走向不一致的道路，或者當新市區腹地格局不方正的時候，就活用圓環來解決。圖為高雄市夜景，棋盤式的格局和右下方的三多路圓環清晰可見。 （2000,岳國介攝於台灣第一高樓東帝士大樓最頂層）

穿過城門
從城門變遷看市街發展

清代的台北北門是人煙雜沓的交通節點，向北通往大稻埕，北門以其甕城形式，調節與管制出入人潮，白天門丁守衛，晚上閉門警備。1899年日本人拆了城牆，之後又拆除甕城。進入20世紀元年，北門口一片荒涼，因為舊城牆處正在闢建三線道馬路。20世紀末北門口依然荒涼，周遭雖然車水馬龍，原本依偎在北門邊的高架道路，被截去一部分，以挽救北門被高架橋擠壓的危機。原本的三線路，現已是中華路十線林蔭道的起點。北門周圍一天24小時車來車往，卻少有市民親近這座古蹟，這座少見的具有燕尾屋脊的閩南建築風格城門，只有鳥雀可輕易來去。可以說，城門百年換得無人造訪。

① 高架道路施工陰影下的北門，1978，鄭世璠繪，油畫.

全台各地城池百年的變化極鉅，尤其是城門。為配合日治時期都市計畫的改造，城牆多被拆除成為道路，但原有城市格局仍保留。如台北古城近似方形，城門保留最多，至今仍有四座，其中北門還維持原貌。而台南城牆拆除後，仍有殘段遺留，數座城門基址也成為輻射狀道路的圓環所在。1970年代後，多數城樓置換成鋼筋水泥的宮殿式造型。唯有左營的鳳山縣舊城、鳳山的鳳山縣新城、恆春的舊城格局保留較完整，但也顯現這些城鎮都市化的緩慢。清代修建的城牆城門今日多已不存，唯有原先城內的道路系統可略窺百年滄海桑田的殘跡。此外，也有永不復見的城池，如台中、嘉義等地。（丁榮生）

② 閩南式磚石建造的北門城樓，城牆已於1899年拆除，1895.（國圖台灣分館提供）

③ 被高架道路擠壓的北門，恍若荒涼的都市邊陲之地，約1980年代，郭娟秋攝.

① 【北門歲月】 1947年某日正午，台北市北門旁街屋的拱廊下，幾位人力車夫在此尋陰納涼，同時也等待客人上門。清朝時熙來攘往的北門，隨著日治初期舊城牆的拆除，如今已成為馬路上的圓環孤島。這時，路上車輛還稀稀落落，悠閒的三輪車夫大概很難想像，幾十年之後，這裡會是如何的車水馬龍、煙漫喧鬧，高架道路是如何的前後環伺著北門。（鄧南光攝）

景福門的空間政治學

有人從風水的角度將景福門看成總統府前的照壁，特別是國民黨中央黨部就在旁邊。1950年代，蔣中正總統下令建築師黃寶瑜，將原本的閩式門樓，改建為中國北方宮殿形式，以符合國民黨延續中原正朔的思維。此後每逢國家慶典，景福門便成為花枝招展的臨時牌樓，變形的中國宮殿形制、和璽彩繪手法、梅花、國徽、國父與歷任總統肖像等政治圖騰分布其上，甚至釘上標語，使得基座石牆傷痕累累。

④ 每逢國家慶典就掛滿政治圖騰與裝飾圖樣的台北景福門（原台北城東門），1992，丁榮生攝.

⑤清代台北城於1884年完工,圖為西城牆,旁為1895年後日本人所鋪設的鐵軌。(莊永明提供)

⑨中華路臨時棚屋拆除後興建中華商場,於1961年啓用,成為1960-70年代台北最繁華的地段。(黃慶峰提供)

⑦1950年代中華路旁的臨時棚屋。(北市府新聞處提供)

⑥清代台北城於1899年開始拆除,圖為拆除前的西城門,有台車軌道通過,城牆拆除後,原址闢建為三線道馬路,即今之中華路,取自《台北古城深度旅遊》。(國圖台灣分館提供)

⑧台北西城門拆除後,牆址改成大馬路,城址則於1906年改為橢型公園,這個空間大致延續下來,也就是西門圓環,不變的西門圓環見證了近百年來西門一帶的多變,圖為1960年代的西門圓環。(陳得時提供)

新竹之心

20世紀末,新竹東門圓環空間再造案備受矚目。東門城建於清代,為少見的重簷歇山頂門樓,城牆外並有護城壕。日治時期以剷除城牆、保留東城門為圓環的方式,拓建新城市,城門從此成為只可遠觀不可親近的孤島。而現今地下化的劇場空間,塑造了新竹市舊城區一處浪漫、可親近的核心節點空間,這正是日本建築巨匠安藤忠雄所推崇的「地域新風格」。此案且獲得國內遠東企業的「傑出建築設計獎」。

⑪新竹東門城改造成市民廣場「新竹之心」之後,成為台灣古蹟最富創意的空間,1999。(新竹市政府提供) 對照左上方嵌圖⑩為新竹東城門舊景,約1920年代。(莊永明提供)

台灣第一府
政治建築的空間性格演變

　　新世紀的總統府，一方面以常態開放型態，迎迓民眾進入府內一樓參觀，讓民眾體驗這棟象徵台灣、象徵權力的建築；一方面府前的廣場空間，則以國際競圖形式，期望將近百年來的威權空間加以解放，以符合民主形象。

　　總督府、東南軍政長官公署、介壽館及總統府等稱謂，都曾是此座台灣最高權力機關的稱呼。然而也因其塔狀造型，被隱喻為男性和父權象徵，而使此地標建築，有著種種差異的意涵詮釋。

　　1906年總督府籌建之初，以日本建築師為對象，競圖選出長野宇平治的設計，平面成日字形、面朝東、樓高五層，中央塔高達60公尺，為當時台灣最高建築，極富當時的政治正確性。其本源則受英格蘭磚造建築影響。同時，日本人也規劃以總督府為核心，周遭區域設置政府辦公建築群，即今天的博愛特區。

　　國民政府時代，每年總統府前廣場的國慶大典以及閱兵典禮，調集數萬群眾聚集，形成府前廣場的威儀性，平日卻當做停車場，與目前的民主政治性格頗不相稱。因此府前廣場於2001年進行改造，預料將為總統府周遭添加台灣所需的空間新氣象。（丁榮生）

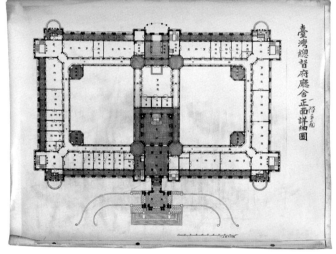

① 總督府一階(今二樓)平面圖,可以清楚看到「日」字型的配置,1916.(李重耀提供)

② 從新公園眺望台灣總督府,約1930年代的風景明信片.(莊永明提供)

○【台灣第一高】 從這張1920-30年代的總督府鳥瞰圖，可以看到這棟建築物聳立在地平面上的巍峨身影。日治時期，它是台灣第一高建築，也是權力第一高的所在。為了維持這「獨高之姿」，官方限定其他建物的高度，說明了體積與高度也是權力的語彙。戰後，在權力上它依舊最高，在高度上則早已淹沒在工商都市的高樓群中。（莊永明提供）

③ 新高山(玉山)背景下的總督府,1925.

④ 結合了西洋建築與庭園的總督官邸(今台北賓館),約1930年代.(③④莊永明提供)

⑤ 二次世界大戰末期總督府曾遭美軍嚴重的轟炸,戰後於1947年才著手修復,修復後與原貌略有差異,1945,李重耀攝.

[7]與日治時期的學生一樣,新港古民國校的學生也喜歡來總統府前留影,不過,後來因安全考量,這裡「非請勿近」,1960.

[9]隨著政治禁忌的鬆動,總統府空間也隨之解嚴,圖為1997年總統府開放參觀現場,將介石銅像與國徽並置,充分突顯總統府內的政治氛圍,丁榮生攝.

空間解嚴:博愛特區紀事

日治時期,總督府是日本帝國統治台灣的權力尖塔。當時的學生,喜歡在這棟氣派威嚴的建築物前,拍下畢業寫真,反映了一般人對它的仰慕之感。戰後,它是國民政府的總統府,在1980年代之前的40年間,仍維持它的威權性格,只在有限的節日,例如總統華誕,才會安排民眾從總統府敞廳到後門走一遭,約10分鐘的參觀。1980解嚴的年代,總統府外廣場頻頻出現遊行抗議活動。1990年代中期以後,總統府空間開始鬆綁,包括開放參觀、府前飆舞、介壽路改名等。府前廣場的空間利用,也引起廣泛討論,突顯出這個空間如今已不再只是平時的停車場,或閱兵時阿兵哥排排站的地方。

[8]解嚴前後,總統府前廣場成為政治抗爭、示威遊行的舞台,圖為「新國家運動」抗爭活動中嚴陣以待的憲兵,1989,謝三泰攝.

「總統府的故事」特展,展出府內百年政權更迭的史料,總統府並於每週二、四開放,供民眾參觀,2000,陳建仲攝. (中國時報資料照片)

[10]總統府前廣場改造暨國際設計競圖廣告,2000. (北市府都發局提供)

從威權華麗到尋常俗氣
機關建築與公共建築

日治時期非常強調政府機關的氣勢，因此總督府、法院、各州市政府，或郵局、銀行、火車站和公會堂，建築布局常藉由巴洛克式都市計畫的輻射狀馬路而成為焦點或核心場所，以烘托其重要性。那是以地標建築彰顯殖民政府威權的時代，至今台灣各地仍留存這批書寫時代、書寫建築史的建築。

而政府最高層級的機關建築與火車站兩大公共建築所構成的都市計畫核心區，百年來成為各城鎮的黃金地段。此建築架構在戰後延續很長時間，從中央政府到鄉鎮市等四級單位，皆沿用此概念興築個案。但因種種因素，建築意識與價值感降低許多，成為徒留

①1920年代的台北州廳紀念章.（李景暘提供）

門面的衙門形式。

戰後的省府中興新村，在取代受戰爭威脅的台北中央政府的思維下，藉由花園城市型態的辦住合一功能，構築出特殊的公共建築類型。1980年代後，大量興建的文化中心、美術館、社教館、圖書館、演藝廳等，形成新的公共建築類型。1990年代，台北市、高雄市、台南市、嘉義縣等縣市政府，藉由副都心或土地重劃區的開發，進行都市擴張及機關建築的興建，但多數建築水準不高。原縣市府建築，則以舊建築再利用型態，轉型為文史展示之用，如高雄的歷史博物館（舊高雄市府）、台南市的文化資產研究中心（舊台南市府）。（丁榮生）

106 The Prefectural Office of Taichu. （臺中）臺中州廳
州下統治の本源、地方開發、人民の指導、矯風、教育、產業等皆ここに本據を置く

②仿歐陸古典建築風格的台中州廳,1913年落成,建築物配合台中市街計畫,將主要入口設在街角.（莊永明提供）

③現今的監察院即為昔日的台北州廳（參見圖①）.丁榮生攝.

④宜蘭縣政中心為1990年代新建的政府大樓.丁榮生攝

❶【北市府平安夜】 雙十造型的台北市政府辦公大樓於1990年代完成，是一棟造型保守的公家建築。近年來，為因應民主、開放的訴求，府前廣場和中庭時常舉辦大型的市民活動，以減輕官署的威權感，增加政府公部門的親和力。這些活動往往把原本單調的北市府外觀，裝扮得分外光鮮亮麗。 （1990年代末期,丁榮生攝）

⑦南國風情十足的第一代高雄火車站,約1920年代.(台北228紀念館提供)

「台北名勝」明信片集封套上的台北博物館圖案,約1920-30年代. (簡義雄提供)

台銀總行於1938年改建完成. (遠流資料室)

⑧1937年落成的新北投車站,斜屋頂,開老虎窗,是北淡線風格獨具的小車站.

⑨巴洛克風格的新竹火車站,名列古蹟但仍繼續使用,昔日的屋頂大鐘與今天的電子鐘並置,顯示了公共空間性格,1990年代,丁榮生攝.

基隆日新橋畔(今博愛橋)洛可可式的基隆郵局完成於1911年(戰後已拆除),是日治時期台灣三個國際郵務郵局之一.(莊永明提供)

⑪長方形管狀空間組成的台北市立美術館,1996,丁榮生攝.

高雄小港機場,以鋼桁架形塑通透的空間,營造高科技的意象,2000,丁榮生攝.

⑬台東原住民文化會館,將南島語族的圖騰,具體應用於建築裝飾上,2000,丁榮生攝.

神佛天主殿堂
宗教建築

　　宗教建築在現代社會中,不論是以十字架宣示其為教堂,或以傳統閩南建築雙坡式屋頂,帶有剪黏瓷花裝飾等傳統社會象徵的佛教或道教建築,乃至圓頂帶有弦月造型的回教清真寺,多數宗教建築的形式,均反映其教義之需求,亦營造其為人神共處的祭典空間。台灣宗教之多元,也反映在宗教建築層面上;而這些散落在大街小巷乃至深山之中的廟宇、教堂、禪寺,也突顯出宗教自由的狀態。

　　重要案例有1916年日本建築技師井手薰所設計仿英國歌德式建築的台北濟南教堂,和1919年大陸惠安名匠王益順所設計的萬華龍山寺。戰後,貝聿銘等人設計的東海大學路思義教堂,以現代建築思維與營建體系,藉由四片曲面屋頂,營造出宗教建築所需的神秘性與神聖性,成為台灣當代建築的經典作品。

　　台南後壁鄉的農田間,矗立著普立克茲建築獎得主的作品──菁寮天主堂;瑞士建築師也在台東的公東高工,以仿法國建築巨匠柯比意的觀念,設計出一棟宿舍大樓含頂樓小教堂。此外,也有不少外籍傳教士,一生投入台灣本地的傳教事業並興建了許多教堂。幾十年來,上百棟的社區教堂,就這樣一一藏在花蓮、台東的各個小聚落,豐富了台灣宗教建築的語彙。

　　台灣百年來的宗教活動,不論宣教或建築設計,歷代都充滿傳奇。早期受聘渡台的大陸匠師,與馬偕、貝聿銘等人都是其中的參與者。（丁榮生）

寺山龍北台（海台）
115. THE RYUZANJI TEMPLE, TAIPEH FORMOSA.

①道教寺廟形式多樣,圖為位於左營春秋閣畔,近22公尺高的玄天上帝像,底座即祭祀上香處,1999,蔡百峻攝.

鹿港龍山寺紀事

　　鹿港龍山寺相傳創建於1653年（明永曆7年）,以其格局完整與雕鑿繁複的藻井著稱,融合了傳統建築以及雕塑、彩繪等各類匠藝,為台灣廟宇建築的經典作品之一。今為一級古蹟。

②鹿港龍山寺的彩繪門神,1990年代,岳國介攝.

⬆【萬華龍山寺】1920年萬華龍山寺因白蟻為害嚴重,於由磚木建築改建成現在的木石造廟宇。從這張1920年代龍山寺明信片,我們可以看到剛完成擴建的龍山寺,具有強烈的閩南廟宇建築雕鑿精緻的風格,曾被譽為當時東南亞最華麗的寺廟雖然當時的建築以歐洲的仿文藝復興式與新古典式樣為潮流,台灣本土宗教的建築仍依循傳統風格興建。（莊永明提供）

③有「民間藝術殿堂」美稱的三峽祖師廟,廟中柱飾雕工之美為全台之最,1990年代,丁榮生攝

④大甲鎮瀾宮內殿的殿宇式廟頂,門柱,藻井都有色澤鮮麗的細刻人物花卉,1990年代,岳國介

失去子民的日本神社

　　神社為日治時期官民興築的宗教建築,源自日本的宗教習俗。戰前,神社散布全台。台北圓山的台灣神社位階最高,由當時的明治橋頭(今中山橋)開始,加上表參道、鳥居等系列建築語彙,營造出神社的空間感。參拜台灣神社,也有「旅遊」的感覺,因神社座落於圓山風景線;敕使道(今中山北路)的三線道風光,則令人有進入異國街道之感(相關主題見p24-25,p44-45)。台灣神社毀於戰火,其他的神社在戰後自然不容於國民政府。殘存的神社之一如桃園神社,因建築精緻而引發保存與否之爭,終獲得保存。

⑩台灣神社為日治時期台灣各地神社的總舵主,圖為吉田初三郎所繪的鳥瞰圖,1930年代. (莊永明提供)

建於1870年的屏東萬金天主堂,為目前台灣僅存的清代天主教堂,融合了地方色彩與西班牙教堂的風格,1990年代,丁榮生攝.

自1950年代至今,小型天主堂散布台灣大城小鎮,圖為關西天主堂,2000,黃智偉攝.

⑦高雄玫瑰聖母主座堂創建於清代,1928年改建為仿哥德式建築,內部空間亦以室內裝潢手法形塑成歌德式風格,丁榮生攝.

⑪建於1938年的桃園神社以台灣檜木為建材,今為忠烈祠,是現今殘存的神社之一,1990年代,岳國介攝.

由華裔建築家貝聿銘等人設計的東海大學路思義教堂,外觀有如人手祈禱狀,1990年代,丁榮生攝.

⑨台北清真寺,禮拜堂大圓頂跨距15公尺,無樑柱支撐,為台灣少見的回教建築,1990,丁榮生攝.

亭仔腳與超高層
商業建築風情錄

1900年，日本殖民政府制訂都市計畫時所劃設的騎樓（亭仔腳），在後來成為全天可容納各式不同商業行為的場域，形成台灣商業空間「無處不買賣、無時不經營」的特性。

百年來台灣人對騎樓空間的非分企圖一直不變。20世紀末地下經濟更為猖盛，騎樓下三步一攤五步一販，多少人靠在此賣檳榔或雜貨維生，也衍生出辣妹檳榔屋的怪異空間。騎樓這個原本富含地方情調的都市中介空間，因而變成「永恆性臨時建築」的複雜空間性格。

台灣商業空間另一極端發展是「拚高」，都市超高層建築不斷竄起，成為改造商業空間的新趨勢。1993年，50層的高雄長谷世貿大樓才剛完工，台北的遠企大樓也以雙子星之勢，見證另一種商業大樓的經營。台北新光大樓，緊接著占有北台灣最高大樓的令譽而獨領風騷。85層的高雄東帝士大樓於20世紀末落成，又取代新光大樓，並成為世界第七高的摩天大樓。此後，又有101層大樓興建計畫被提出，成為紙上離地最高的構想。此案後來因非建築與商業的外力干擾，一直未定案，也使得台灣到底要不要世界新高，成為備受矚目的社會新聞。（丁榮生）

①「鹿港不見天」街屋興建於一府二鹿三艋舺時代（1785-1850），街道上加蓋頂棚，裡頭不見天日，小販點燈做買賣，至1934年市區改正時拆除。（國圖台灣分館提供）

②擺滿南北土洋百貨的迪化街老鋪亭仔腳，1990年代，丁榮生攝.

④三峽老街街屋是台灣傳統長條形店鋪住宅，日治時期改建的立面，則有巴洛克式裝飾風格和日式家紋圖飾，1936.

民居掛牌成店家

聚落中不同功能的空間應劃分清楚，各安其所。但在台灣，「住商混合」情況卻比比皆是。一因政府缺乏規劃與規範，二因地狹人稠積弊難返，最後是因人口密集，處處有商機，要鄰街的住宅不開店很難！

③牆上懸掛著公賣局菸酒招牌的澎湖咕咾石屋小店，1973，徐仁修攝.

⑤洋溢著懷舊光影的湖口老街亭仔腳，1990年代，岳國介攝.

台灣街頭充斥各種售屋廣告布條和商店招牌,嚴重影響市街外觀,1996,鳳山,丁榮生攝.

台中精明一街是設有露天咖啡座的精緻商街,強調品味與氣氛,1990年代,丁榮生攝.

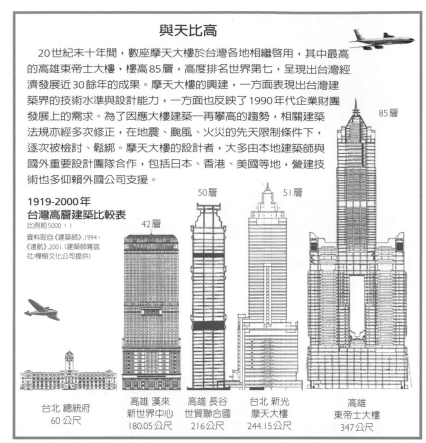

與天比高

20世紀末十年間,數座摩天大樓於台灣各地相繼啓用,其中最高的高雄東帝士大樓,樓高85層,高度排名世界第七,呈現出台灣經濟發展近30餘年的成果。摩天大樓的興建,一方面表現出台灣建築界的技術水準與設計能力,一方面也反映了1990年代企業財團發展上的需求。為了因應大樓建築一再攀高的趨勢,相關建築法規亦經多次修正,在地震、颱風、火災的先天限制條件下,逐次被檢討、鬆綁。摩天大樓的設計者,大多由本地建築師與國外重要設計團隊合作,包括日本、香港、美國等地,營建技術也多仰賴外國公司支援。

1919-2000年
台灣高層建築比較表
比例約5000:1
資料取自《建築師》,1994、《遠航》,2001.(建築師雜誌社/樺榭文化公司提供)

台北 總統府 60公尺
高雄 漢來新世界中心 180.05公尺
高雄 長谷世貿聯合國 216公尺
台北 新光摩天大樓 244.15公尺
高雄 東帝士大樓 347公尺

【南國新地標】世紀末,都市商業建築競相追高。夜幕下高雄市,摩天大樓林立,成為城市建築景觀的最大特色。其中最高的大樓是東帝士大樓,樓高85層達347公尺,已經超過300公尺高的巴黎艾菲爾鐵塔。(2000,蔡百峻攝)

林藝章提供

①花蓮荳蘭原住民聚落,約1910年代.

②屏東公園内的原住民石板屋,約1930年代.(簡義雄提供)

⑤台灣傳統村落中的巷道,是居民生活空間的延伸,取自《台灣國立公園寫真帖》,193

台灣居不易
多變化的住宅建築

無止盡的變化是20世紀台灣住宅建築的寫照,其中包括建築設計、販售型態和使用行為等。

20世紀末台灣人被德國媒體批評為「如長於豬圈的有錢人」;某位前行政院長更說「違建林立是全民之恥,鳥瞰台北為全世界最醜陋城市」。

但對於因921大地震與汐止林肯大郡等事件的受災居民而言,住宅的無止盡變化則是天地不仁,以建築為芻狗的註腳。

住宅需求的大量擴增,與戰後實施的各期經濟發展計畫,使人口過度集中都市有關。面對人口集中所產生的都市居住問題,政府以大量供應國民住宅的方式來解決,同時也鼓勵私人興建各式住宅。在此情況下,建築業的景氣循環,早年亦多是以無止盡的住宅需求做為指標。

建商所推出的各種住宅類型,更常是集機巧與騙局於一體。頂級豪宅、高樓別墅、共同持分庭園、窮鄉僻壤的玫瑰園、面臨陡坡或墓園的永久綠地等惡質銷售手法層出不窮,卻始終有人受騙。

建築商品化使得建築師須面對強勢的銷售體系,也使得設計者與使用者關係更形弔詭。不過,從近年來強調地域風格的「宜蘭厝」風潮來看,仍有一些建築工作者在做理想性的住宅設計。（丁榮生）

③以茅草竹木築成的農家,約1930年代.(簡義雄提供)

④樸實的「一條龍」民宅,1980年代,台北陽明山,丁榮生攝.

⑥日治時期的台中日式豪宅,台中當年有不少日本醫師、律師及高官豪宅,多半為西式房建築,一般職員則依位階有木造宿舍,這種木造建築防震力強,1940,陳耿彬攝.

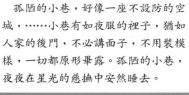

陌巷札記 王昶雄寫於1930年代

孤陋的小巷,好像一座不設防的空城,……小巷有如夜服的裡子,猶如人家的後門,不必講面子,不用裝模樣,一切都原形畢露。孤陋的小巷,夜夜在星光的慈撫中安然睡去。

⑦台北大稻埕9號水門堤防邊的簡陋民宅前,婦女們蹲在地上刷鍋子,頭上方掛著各家曝曬的衣裳,這番景象是戰後庶民生活空間的真實寫照,1950,鄧南光扌

竹籬笆風光

1949年大量國民政府軍隊與眷屬自大陸來台，1950年代，政府開始興建眷村供其安住。這些多數以連棟平房為主的住宅群，散落全台各地，並且形成所謂的「眷村文化」，塑造出台灣社會中獨特的族群意識。1980年代後，許多眷村改建成大樓，老式眷村正逐漸消失。

⑧竹籬笆前的全家福,1959.(曹森提供)

⑩【睡在黃金地段】 住宅問題在台灣社會，永遠不只是建築與土地的課題。在金錢遊戲氾濫的1980年代，房價連番飆漲，民間人士便發起「無殼蝸牛運動」，以萬人夜宿忠孝東路四段的方式，抗議不合理的房價。（1989,黃子明攝）

⑨國民住宅是政府大量興建的一種集合住宅形式,圖為位於台北基隆河截彎取直地帶的國宅,2000,劉振祥攝.

中庭產權集中,並闢成庭園形式,自1980年代中期開始盛行.圖為台中理想國,1990年代,丁榮生攝.

⑪具地方特色的宜蘭厝式樣之一,以噶瑪蘭木雕紋路及泰雅族紅白色系為裝飾,1997,丁榮生攝.

古調如何新彈
傳統建築現代化的思維

20世紀末，台灣興起歷史建築保存與舊建築再利用的議題。然而以空間為主體的設計思維已消沈多年，尤其是關於傳統建築與中國建築現代化可能性的議題，更見沈寂。

以傳統建築現代化而言，相對於1950、60年代以宮殿式或「清式營造則例」為前提的仿古風潮，1970年代所興起的對於鄉土與傳統建築的熱情探討，以及古蹟保存運動等相關論述，一時之間成為顯學。在商業建築初展主流架勢的同時，當時引人矚目的例子，如國父紀念館、中研院民族所、澎湖青年活動中心、大安國宅、宏國大樓等，似乎已為台灣的建築設計體系，發展出見證當代、見證本地的新風格。但在1980年代經濟狂飆之際，相關的新思維再次消沈，直至今日。

在古蹟保存方面，1970年代末期彰化孔廟整修之後，出現了大開展時期。從北到南的整修也因「文化資產保存法」的實施，確立其體系，這股風潮延續到1990年代。當中重要的案例，如台南孔廟與武廟、板橋林家花園、鹿港古街區與龍山寺、澎湖天后宮、淡水紅毛城等案，都曾引發社會關注。1990年代以降，則漸趨沈寂，直到1999年的921大地震，震毀了霧峰林宅，以及無數未經登錄的歷史建築，才又使得文化資產保存的相關問題再次受到矚目。但正面意義已不如當年，反而是質疑的成分居多。而「文資法」多年未修，也導致了制度面上的消極態度。（丁榮生）

① 金門縣金沙民俗文化村，1990，岳國介攝.

② 被指定為古蹟的北埔天水堂現仍居住使用，可見古蹟政策與所有者之間的矛盾仍然存在，1995，丁榮生攝.

③ 建於清代的新竹孔廟，戰後因都市計畫被遷至公園內，雖保存了古蹟，卻也消除了城市記憶，1995，丁榮生攝.

④ 瓊林牌坊為金門古蹟，1990，岳國介攝.

⑤ 板橋林家花園一景，立石鐵臣繪，1961.（立石壽美提供）

⑥ 台北舊市府「再利用」為台北當代美術館，圖為修護時覆蓋了原建物影像的臨時外牆，1998，丁榮生攝.

⑦ 台北228紀念館為老建築再利用佳例，1998，丁榮生攝.

⑧ 17世紀荷蘭人創建的紅毛城，其西方古堡形制為台灣現存古建築中的孤例，1989，丁榮生攝.

❶【仿古帝王陵】 中正紀念堂廣場為台灣使用率最高的廣場之一，平日為市民休憩處，也是群眾運動的集結地。1990年代數場重要的學運社運皆在此地發生，把這座「當代的帝王紀念空間」，轉化為社會力量集結展現的場所。兩翼仿清代宮殿建築的國家音樂廳和戲劇院則是藝術表演空間，見證了當代空間的多元意義。（1990,3月學運,丁榮生攝）

⑪宮殿式外觀的台北圓山飯店曾是國外人士來台觀光的景點,取自1960年代火柴盒.（張先正提供）

⑩故宮博物院紀念戳.
（莊永明提供）

⑫新台幣百元鈔票上的中山樓,1990.
（遠流資料室）

⑬國父紀念館紀念戳
（王永明提供）

⑮中研院民族研究所以閩南式馬背和鵝牆為其建築語彙,1994,丁榮生攝.

⑭台北國父紀念館的屋頂形式源自「殿前出軒」的傳統,並以現代結構來支撐壯麗的飛簷,形塑台灣「中國建築現代化」的可能性,1990年代,丁榮生攝.

⑭新竹新埔的南園屬於仿江南庭園建築,1990年代,岳國介攝.

⑯澎湖青年活動中心,以澎湖傳統石材——咕咾石做為一樓及裝飾性透空圍牆的主要建材,表現出濃厚的地域風格,1990年代,丁榮生攝.

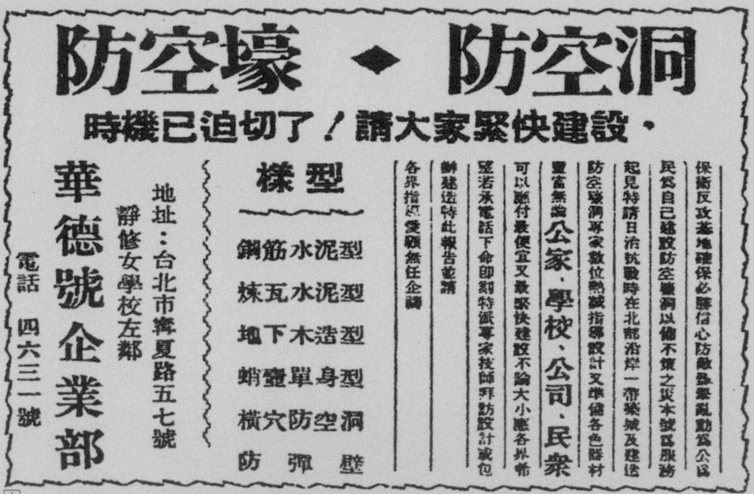
防空壕 ◆ 防空洞
時機已迫切了！請大家緊快建設．
保衛反攻基地確保必勝信心防敵暴亂勤當公民
民皆自己趕設防空壕洞以備不虞之災本號為服務
起見特請日治抗戰時在北部沿岸一帶築城及建造
防空壕洞專家數位熱誠指導設計又準備各色器材
豐富無論公家、學校、公司、民眾
可以應付最便宜又最緊快建設不論大小應各界需
望若承電話下命即刻特派專家技師拜訪設計承包
辦建造特此報告並請
各界指教愛顧無任企禱
樣型
鋼筋水泥型
煉瓦水泥型
地下木造型
蛸壺單身型
橫穴防空洞
防彈壁
地址：台北市寧夏路五七號
靜修女學校左鄰
華德號企業部
電話 四六三一號

1

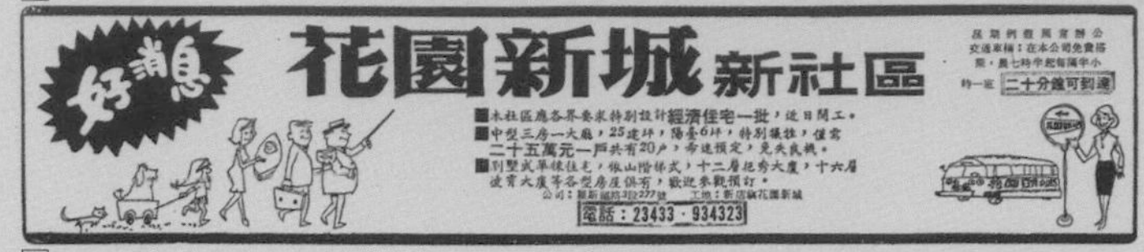
好消息
花園新城 新社區
二十分鐘可到達
電話：23433．934323

2

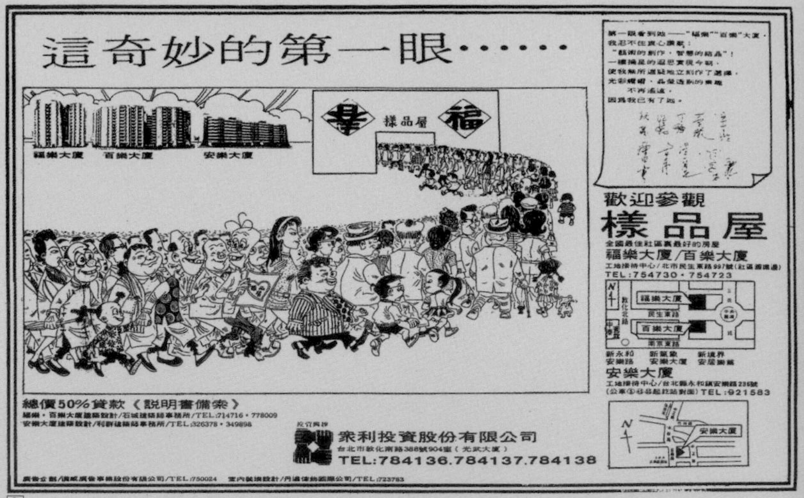
這奇妙的第一眼……
福樂大廈
百樂大廈
安樂大廈
樣品屋
歡迎參觀
樣品屋
福樂大廈/百樂大廈
安樂大廈
總價50%貸款
宗利投資股份有限公司
TEL:784136.784137.784138

3

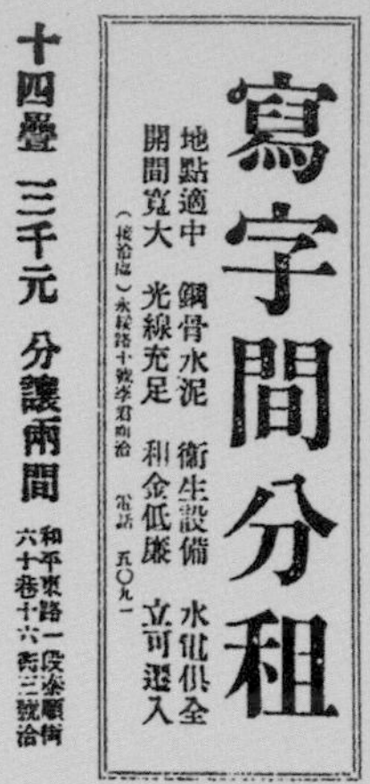
十四疊 三千元 分讓兩間
和平東路一段泰順街六十巷十六衖三號洽
寫字間分租
地點適中 鋼骨水泥 衛生設備 水電俱全
開間寬大 光線充足 租金低廉 立可遷入
（接洽處）永綏路十號李君面洽 電話 五〇九一

4

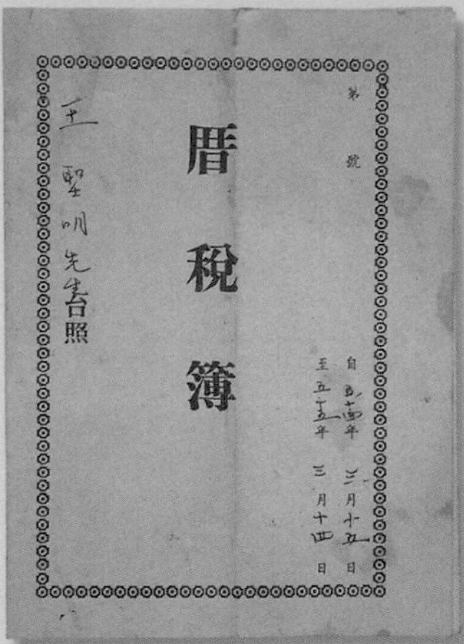
厝稅簿

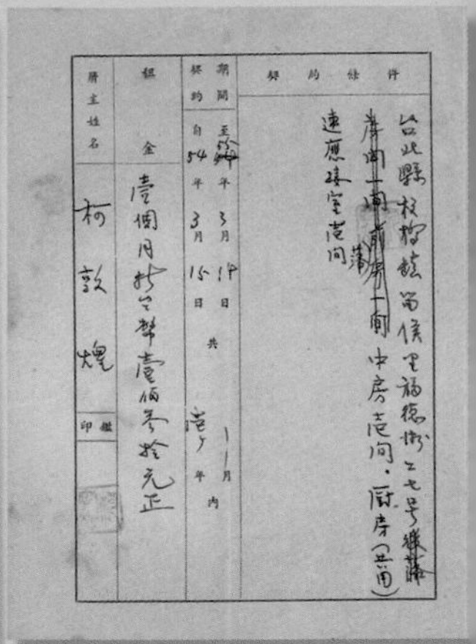

5

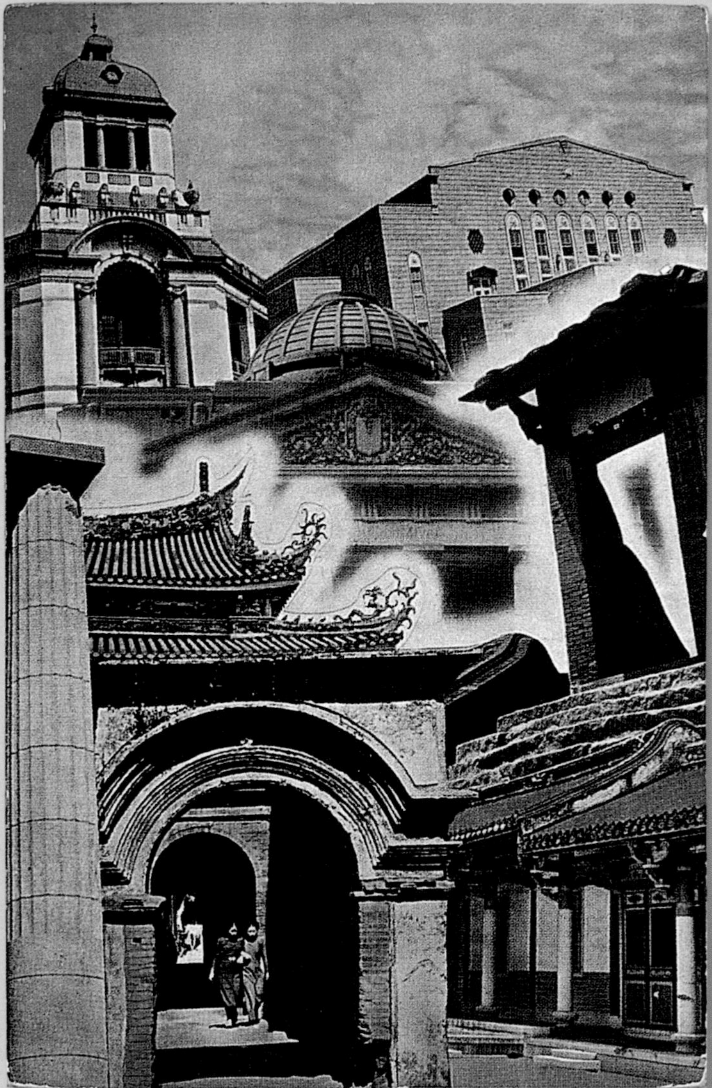

6

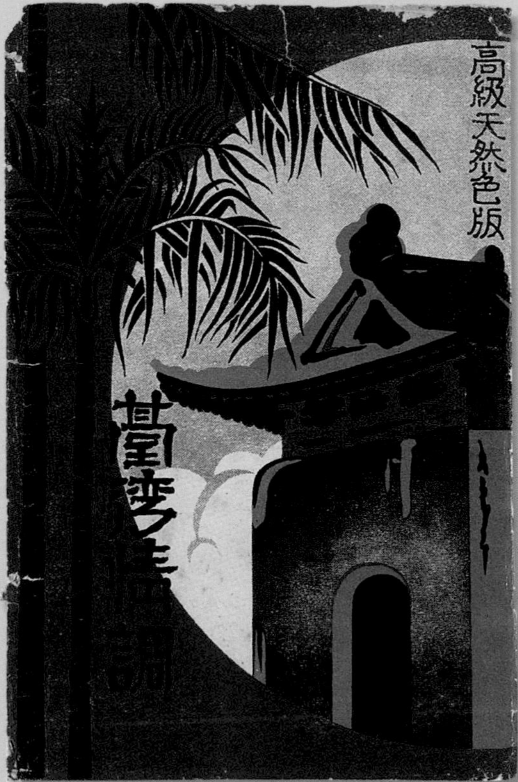
高級天然色版

7

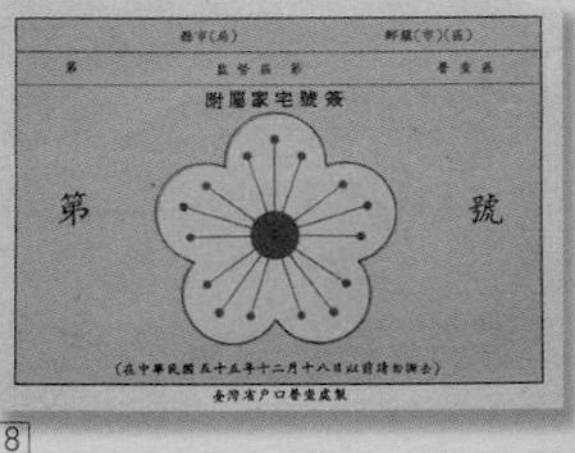
第
號

8

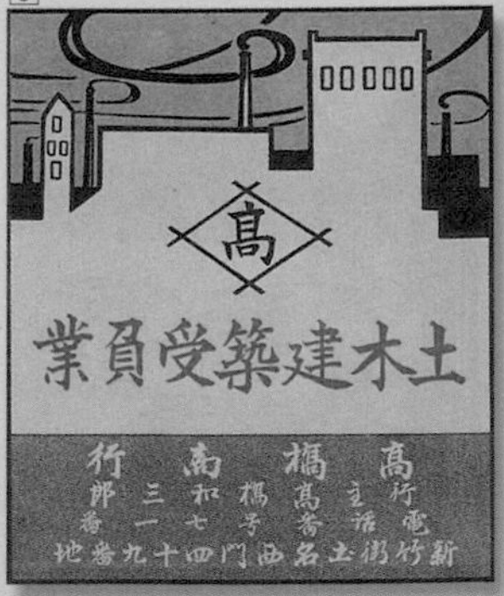
高
土木建築受負業
高橋商行

9

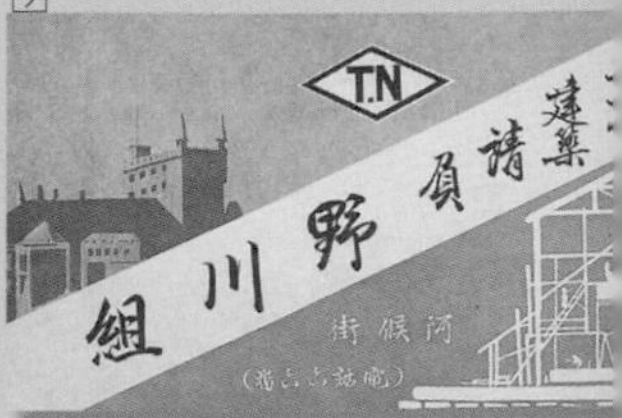
T.N
建築請負
野川組

10

有殼無殼，找個房子好過活——住屋百景

【圖片說明】[1]興建防空洞是1950年代建商的營業項目之一.[2]花園新城[3]百樂大廈都完成於1970年代.[4]辦公室分租廣告,1950年代.(圖[1]至[4]取自《中央日報》,遠流資料室)[5]1960年代租屋契約書.(蔡進昌提供)[6]融合了新式,舊式建築風貌的明信片,約1930年代.(簡義雄提供)[7]以古城門為象徵的台灣情調套裝明信片封面,約1930-40年代.(莊永明提供)[8]戶口普查簽,1966.(莊永明提供)[9][10]日治時期建商廣告,1912,取自《台灣大觀》.(遠流資料室)租屋廣告牆[11]小川攝.[12]陳輝明攝.[13][14][16]沿街促銷的馬車,外觀炫麗的樣品屋或為房子綁上蝴蝶結,都是1980-90年代的房地產銷售花招.([13][14]丁榮生攝.[16]鄧惠恩攝)[15]1980年代以後建築工地圍籬處處可見,卻不見得人人有屋,2000,台北,陳輝明攝.[17]眷村居住證,大陸來台軍人住的是政府分配的房子,日後靠此證書即可配得或加價購買國宅,1969.(曹森提供)[18][19]1970-2000年的新舊門牌.([18]張先正提供[19]陳輝明攝)[20]玻璃帷幕大樓,1990年代,台北,鄧惠恩攝.[21]台灣現代都會縮影,電腦合成,圖像取自丁榮生攝影照片.

新辭彙．舊時語

【洗石子】日治時期一些建築為了仿歐洲花崗石材而有的特殊做法。台灣石材產量少、質地也不同，本地師傅研碎卵石，再將細碎石子黏貼在施作部位（多以壁面為主），施工完成後，再將碎石間的水泥漿以水局部沖洗，使之呈現石材質感。這種台灣普遍運用的工法，其他各國少見。

【預售屋】1970年代起，為減輕無住屋者在購買房舍時的負擔，建商在取得建築執照後，即以尚未興建的圖樣銷售，並依工程進度向買方

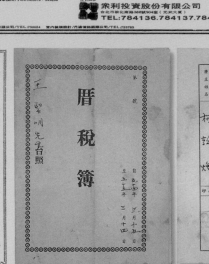

收取訂金，直到工程完工，買方再向銀行抵押貸款。預售屋通常比新成屋便宜，也符合多數人的付款能力。但買方的保障較低，如坪數不足、建材不符等，常傳出騙局糾紛，但仍是一套運作具效的房屋買賣制度。

【樣品屋】建商在推銷預售屋時，以樣品屋來讓購屋者實際體驗室內隔間與建材品質。1980年代，大量的樣品屋成為「虛擬建築」，常以夾板釘出仿雪梨歌劇院或巴黎凱旋門等造型，成為台灣特殊的「臨時」建築風貌。

【透天厝】房地產用語中，一棟房舍地上物產權不分割者稱為透天厝。晚近房地產類型多樣，強調全棟產權唯一的連棟住宅，即以透天厝名號塑造其特色。透天厝一般都臨街，一樓常以鐵門作內外間隔，可供商業之用。

【違章建築】指違反法律規範所興建的屋宇，不過在台灣卻是生活用語。鐵窗、屋頂加蓋，皆是搭建在合法屋宇上的違建。違建的成因複雜，主要是因為一般人貪求多一吋的空間，而公權力又無法積極處理使然。

【輻射屋】1990年代出現同大樓或同社區住民同時罹患癌症的情形，經查驗發現是1980年代受輻射污染鋼筋流入市場並做為建材所致。經全面檢測，此類建築不少，後已強制拆除，期間也引發相關單位互推責任的現象。

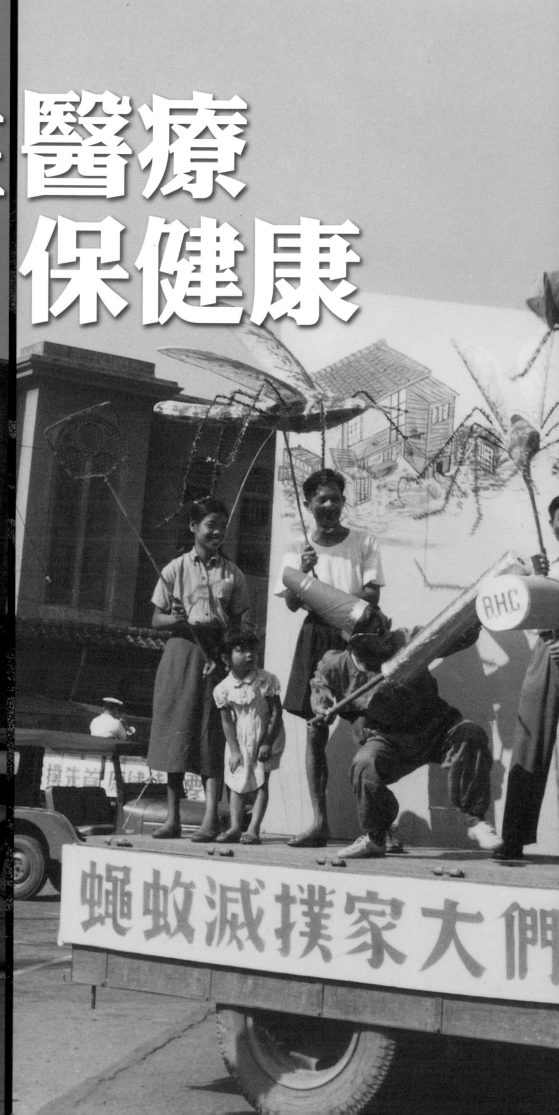

衛生醫療
保健康

台灣近代醫療萌芽於1860年代開港後，在西洋傳教士的努力下，台灣人開始對西醫有所了解。至於公共衛生的基礎建設，則是在日治時代逐步完成；醫學教育的扎根也是日本殖民政府的重點教育政策。

1945年二戰結束後，台灣醫療制度不僅很快褪脫「殖民色彩」，更明確走上「本土醫療」之路。宗教醫療、教學醫療、國防醫療、企業醫療，已是今日台灣醫療網的四大支柱。

優生保健和全民健保雖是在20世紀末才啓用的觀念和制度，但如何加強與落實，正是未來的挑戰。

【底圖】公共衛生向來是醫療衛生工作的重點，圖為1958年台北地區撲滅蚊蠅運動大會的宣傳車，特大號的蚊蠅裝置，效果十足。（陳永魁攝，中央社提供，相關主題見p134-135）
【右頁小圖】從20世紀初醫療設施的簡陋，到20世紀末處處可見的大醫院小診所，台灣醫療及公共衛生的各個環節，已有了全面性的進展。圖為在各地公園常見的健康步道。（2000,陳輝明攝，相關主題見p142-143）

醫療保健百年紀

莊永明 本書總策劃

「婆娑之洋，美麗之島」的台灣，曾是瘴癘之地，
在「唐山過台灣」的拓墾年代，「人至即病，病輒死亡」，
因此有「三在六亡一回頭」的俗諺，
能夠倖存在台灣的「開基祖」僅有三成左右。

1673年，避居目加溜灣社（今台南善化）的沈光文，可能是台灣第一位漢醫，他以「望、聞、問、切」救人無數。生病看醫生，於今理所當然，但台灣在墾拓時期，無醫少藥，「俗尚巫，疾病輒令禳之。」迷信非僧非道的巫術治病，勞神傷財可見一斑。

傳道理，醫蒼生

1865年6月16日，蘇格蘭傳教士（早期稱宣教師）馬雅各在台灣府城台南大西門外看西街開始傳教、施療行醫，啟開了台灣西洋醫學之黎明期。1866年馬雅各在高雄旗後開設的可容八名患者的醫館，是台灣西式醫院的濫觴。

基督教在台的醫療事業，影響既深且遠。英國基督長老教會，在南部行醫，除了馬雅各父子外，還有甘為霖、德馬太、安彼德等人。台灣北部是加拿大籍傳教士馬偕服務的教區，他在1872年3月9日抵滬尾（淡水）後，即以醫療服務輔佐宣教，他還親手拔了台灣人21,000顆以上的牙齒，堪稱「台灣第一位牙醫」。台灣中部，英國傳教士的醫療事務也沒有缺席，日本據台當年（1895）年底，英國即派蘭大衛、梅監霧、廉得烈三人來台。蘭大衛創建的彰化蘭醫館，即今彰化基督教醫院的前身。

西洋傳教士來台是因台灣開放通商，他們以醫療來開闢通往傳道的大門，「靈、魂、體的全人拯救」是他們鍥而不捨的宗教主張，因此無論南、北、中，平地或山區，都有他們的蹤跡。即使在醫療資源短缺的「後山」，在戰後也開始有花蓮基督教門諾會醫院、台東基督教醫院、宜蘭羅東天主教聖母

醫院等先後成立。教會醫院以博愛精神，嘉惠台灣民眾，然而這些僅是「宗教醫院」的一環，近年來佛教的慈濟醫院、道教的恩主公醫院和北港媽姐醫院亦秉持慈悲精神，加入社區醫療服務的行列。

醫學教育的扎根與薪傳

1895年6月20日，日本殖民政府創設的「大日本台灣病院」，不僅是今日台灣大學附設醫院的前身，也是「教學醫院」的濫觴。

日本接收台灣後，即推動上、下水道工程——自來水和排水溝的建設，是台灣公共衛生施設的基石。因疫病猖獗，殖民政府也積極推動防疫工作，逐漸交出成績單。例如：日本治台第二年發生鼠疫，台灣總督府歷經22年的努力，才撲滅此「黑死病」。此外，1896年6月，台灣總督府以「府令第八號」公布「公醫規格」，因公醫是各地第一線的醫務人員，所以必須學習「台灣土話」（台灣話）。公醫人員的調派和補充，初期有所困難，後來因醫學校畢業生逐年增加，開業醫師也愈來愈多，公醫問題才緩解。

台灣西式醫學校教育源於1886年梅醫生（Dr.W.W.Myers）創設的「萬大衛紀念醫院」（又稱慕德醫院），這所醫院為培養醫事人員，附設醫學課程，授予台灣人習醫文憑。官方醫學教育，起始於日本殖民政府在1897年4月12日所設的「醫學講習所」，雖然成效有限，但也促使兩年後台灣第一所醫學校的創立。

1899年5月1日，台灣總督府醫學校正式開課，這所「授予本島人（台灣人）醫學教育，養成醫師之處」所招收的學生，在1911

年之前，留清代辮髮者仍有半數以上，入學的資格僅是「公學校」（小學）畢業生。

從醫學校、台北醫學專門學校、台北帝國大學醫學部，到終戰後的台灣大學醫學院的學生，都是「景福會」校友，因為他們有共同的根源，都是「進出」校址旁的台北東門（景福門）而後行醫。1938年4月，台北病院附屬於台北帝國大學（今台大）醫學院，正式成為「教學醫院」，也是日治時代台灣唯一的教學醫院，各科均由日籍教授掌理。戰後，醫學院改由台灣人「當家」，附設醫院由杜聰明、魏火曜、高天成等一脈經營，卓然有成。

高雄醫學院、台北醫學院、中山醫專等校，創時雖沒有附設醫院，但學校規模擴大後附設醫院加入醫療網，也是順時之需。198□年，教育部、衛生署會同醫事專家學者，認定合於教學醫院標準的公私立醫院已有4□所；另外，台灣省防癆局、台北市立婦幼□院、台北市立療養院，分別被列為結核□科、婦幼科、精神科教學醫院。

軍系與企業醫療的壯大

除上述教學醫療系統外，另有國防醫療系統。國民政府因大陸內戰失利而撤退台灣，1949年4月，國防醫學院分三批陸續抵達台北市水源地。遷台之初，百廢待舉，曾有與台大醫院合併的想法，但因當時的杜聰明□長回應「不如兩方獨立並行經營較佳」，因而未成。國防醫學院的教學醫院是三軍總□院，座落於台北市古亭區八號公園預定地。

另一國防支系則是榮總。1959年3月台□榮民總醫院開始門診作業。設於石牌的□

憨，分別於1959年、1977年核定為國防醫學院與國立陽明醫學院（1994年成為陽明大學）的教學醫院。「國防系統」的醫院，以軍方資源為奧援，在國防預算挹注下，自然為出了不少醫療成就。

台灣經濟起飛後，民間企業界開始以雄厚才力，加入「醫療市場」，他們將企業管理理念引進醫院經營，因減免稅負和善用經營管理，發展迅速。台塑集團的長庚醫院，分設於台北、林口、基隆及高雄，而後再設立醫學院。亞東、國泰、新光等財團也不落人後，從公立醫院挖角，創立大型醫院。企業醫院經營的成功，對台灣醫療事業，不可否認的是擔負了一些責任，同時也促使政府重視公共衛生和醫療政策，進而加強公立醫院的革新和擴建。

醫護資源分配與人性醫療的期待

台灣醫療網的建設，實與經濟建設同步，「無醫村」雖成為歷史名詞，但也不是醫院、診所無所不在。都會地區，問診求醫不是難事，然而偏遠地區以及離島的「醫療荒」，仍值得注意和檢討，醫護資源分布不均，也是社會福利推廣不公平的顯現。事實上，更重要的是醫療倫理絕對不能因「企業化」經營而沉淪，醫院為求績效，所造成「三長二短」的現象──掛號時間長、待診時間長、領藥時間長，診療時間短、開藥時間短，畢竟不是「人性化」的診療。

宗教系統、教學系統、國防系統、企業系統，是台灣現代醫療四足並立的現象，也是日後各自發展、相互整合的基石。

回首百年來民間俗諺「第一醫生，第二賣冰」的賺錢致富說法，而今已不是真言。畢竟擠進醫學院，苦讀數年，畢業後掛牌開診所，在百業競爭、醫院也難置身於外的當今環境下，創業已日益困難。所以當醫師也成為「上班族」，領薪水、爭獎金，多多少少已影響到從前「白衣階級」濟世救人的崇高地位。

全民健保的落實問題

醫療費用對一般人來說，是額外的沉重負擔，也因此健康保險制度是否健全，是審視、檢驗社會福利實施程度的標準。

1950年3月，台灣開始實施勞工保險，而後又於1958年實施公務人員保險，但農民保險遲至1989年6月23日，才公布全文51條的「農民健康保險條例」。勞、公、農保三大體系共有十種與健康保險有關的制度，參加保險者約占全國人口的59%，未納入健康保險體系的約有41%，高達8,600,000人，而且以老人、兒童及等待照顧的依賴人口為多數。

1990年代，由於台灣邁入「老年國家」的問題日益迫切，因此「全民健保」的呼籲，愈來愈高漲。行政院原先擬訂的「全民健保目標年」是2000年，然而立法委員因背負選民的期許，又為了爭取選票、兌現政見，便一再爭取提前實施。1995年1月，中央健康保險局成立，3月1日，規劃七年，原本計劃在21世紀付諸實現的全民健保正式實施，比預計施行的時間足足提前了五年，當時民眾尚不及領取保險憑證，醫院也未及修改批價程序，問題層出不窮。

這項以全體國民為對象的「國民保險」實施之後，雖有爭議和抗爭，但受惠的人有增無減，也是不爭的事實。

邁向衛生大國

20世紀末實施的全民健保是「治標」的國民保健措施；21世紀所要推展的全民健康則是「治本」的「衛生大國」政策。1996年1月1日，「財團法人國家衛生研究院」宣告成立，初期規劃成立：(1)老人醫學研究組；(2)環境與職業病研究組；(3)精神醫學與藥物濫用研究組；(4)醫療保健政策研究組；(5)生物與藥物技術研究組；(6)醫學工程研究組；(7)臨床研究組。這所國家級的醫療衛生機構，對於20世紀末的惡疾如腫瘤、B型肝炎、愛滋病，以及職業性疾病、環境污染所造成的疾病等的防治和治療，未來也許會有很好的表現。

台灣的20世紀公共衛生醫療史和政治史一樣，似可分為兩段，前50年的醫政是日本殖民政府所寫的，而後50年，則是台灣人「自己」所寫的歷史。50年前，台灣地區居民的平均壽命僅是50來歲，而且半百之年者，多半視茫茫、髮蒼蒼、齒牙動搖、背駝腳軟。但是現在邁進新世紀的中年人，仍然是「一尾活龍」，據1991年統計的平均壽命，男性是71.83歲，女性則77.15歲，顯示醫政進步甚多。

總的來說，台灣衛生醫療的成就，並不是以「前50年」和「後50年」做分割解釋，而是有其百年來的持續性和連貫性。

聖經與聽診器
早期教會醫療事業

1860年代，因台灣開港，不僅西方商人前來逐利，傳教士也接踵而至，來台弘揚「靈、魂、體的全人拯救」。基督教長老教會派遣的傳教士，大多是一手拿著聖經，一手拿著聽診器，以醫療的事功排除台灣人對他們的偏見和反感，進而傳播福音。

英國長老教會的第一任駐台傳教士是馬雅各。1865年29歲的馬雅各原選擇在台灣府城台南大西門外看西街開始布道及施醫，然而卻遭民眾仇視，醫館才設立20幾天即遭拆毀，馬雅各被迫離開府城遷至海邊的旗後（今旗津）繼續工作。1865年12月，他在付足定額租金後，「永遠承租」一間兩進的平房。翌年6月改建為禮拜堂，並在對面設立可容八名病患的醫院，台灣西式醫院從此誕生，史家稱為「開啟了台灣西洋醫學的黎明期」。

馬雅各幾經波折後又回府城行醫。1900年，營建三年的新樓醫院落成，更具備現代化醫院的條件，民間稱為「耶穌教醫生館」。後來德馬太、安彼得、馬雅各次子等人先後投入此醫院的診療工作。同時期，北台灣也有加拿大醫療傳教士進駐。1872年馬偕抵台後，即積極進行診療和傳教工作，其志業後來由宋雅各和曾在新樓醫院工作八年的戴仁壽夫婦等人承續。在中部台灣，1888年英國傳教士盧嘉敏創設大社（今台中神岡鄉境內）教會，並於彰化設置醫療站，即彰化醫館。後有蘭大衛等傳教士來台在此傳道行醫，因蘭大衛用心經營，民間遂稱蘭醫館。戰後改名彰化基督教醫院，由蘭大衛兒子蘭大弼繼續經營。（莊永明）

[1] 來台宣教並行醫的馬雅各.（莊永明提供）

[2] 馬雅各在台南創辦新樓醫院，民間稱為耶穌教醫生館，1901-28年為全盛期，當時已有完善的醫療設備。 [3] 新樓醫院在「台灣府郡城內醫館條約」木牌中，明白條列醫治人數、捐款明細和看診日期，1889.

[4] 1896年，蘭大衛(後排中)開始在彰化醫館工作，每天病患甚多，被牛角牴傷、狗咬、蛇噬的民眾也前來求治，圖為蘭大衛與蘭醫館病患，前排病患所坐的竹椅就是當時的病床，1922.（彰化基督教醫院提供）
[5] 1899年，第四任台灣總督兒玉源太郎頒給蘭大衛醫生的開業證書，為全台第七號證書，來源同[4]

[6] 加拿大籍戴仁壽夫婦(後排)在台南新樓醫院工作期間接觸痲瘋病例後決心獻身痲瘋醫療，1928年起，開始為籌設痲瘋病院奔走，1934年位於現今八里的痲瘋病療養院「樂山園」落成.

[7] 1932年台灣總督府警務局長井上英主持「樂山園」基石安放典禮，右一為觀禮的英國總領

【鬍鬚番報到！】「鬍鬚番」馬偕，1871年落腳台灣，1901年永葬台灣，30年間傳教、治病、建醫院、設學校，他說「我的青春和終生最美好的歲月在此島上安度。」一生拔過兩萬多顆台灣人牙齒的馬偕，強調他「喜歡那棕色皮膚的住民──漢人、平埔番或生番」，他那「正港台灣人」的精神，實在令人「沒齒」難忘！長居台灣的馬偕，常帶著信徒爬山涉水探險各地，圖為馬偕和信徒出發前所拍攝的側面群像，眾人一字排開，畫面然是有趣。（莊永明提供）

⑨馬偕肖像.（莊永明提供）

馬偕於1879年在淡水創設的滬尾偕醫館,是台灣北部最早的西式醫院.

蘇文魁提供

從滬尾偕醫館到馬偕醫院

27歲的加拿大籍傳教士馬偕抵台後，選擇台灣北部做為他服務的教區。馬偕並非專業醫生，但仍「以醫病來開闢通至傳道的大門」。1873年5月，馬偕在滬尾撓仔腳租屋做醫館。後來有位美國底特律婦人感佩其義行，也為了紀念同名、已去世的丈夫馬偕船長，捐贈美金三千元給遠在東方島嶼從事慈善醫療的馬偕傳教士，而有1879年9月14日「滬尾偕醫館」的創設，這是基督教會在北部最早設立的醫院。馬偕蒙主召歸後，偕醫館關閉了四年多，1905年10月，宋雅各醫師蒞台後重新整頓，為擴大服務，宋雅各建議醫療中心由淡水小鎮遷到台北，建立具現代規模的綜合醫院以紀念馬偕博士，加拿大母會撥款25,000美元玉成此事。1912年12月26日，位於台北牛埔仔（今台北市中山北路與民生西路口）的馬偕紀念醫院落成，至今仍為台北地區的重要醫院。

⑩彰化蘭醫館醫護人員北上與淡水偕醫館交流時,兩院護士舉行網球交誼賽的情景,1927.

彰化基督教醫院提供

天主堂與佛壇
後期宗教醫療發展

基督教在台灣的醫療事業，因太平洋戰事期間日本與美、英為敵，將教會醫院強行徵用而暫停運作。直到終戰後才開始繼續運作。

1949年，中華人民共和國成立，因為主張「無神論」的共產主義不容宣教，一些原在大陸傳道、行醫的外籍傳教士，不得不放棄原先的工作，漸次移轉到台灣，繼續他們對上帝承諾的志業。難能可貴的是，這些洋教士多數選擇在「無醫村」的偏遠地方服務。比如，羅東聖母醫院和澎湖惠民醫院，即是曾在大陸雲南地區服務痲瘋病患的「靈醫會」。

在台灣還仰仗美援的年代，除了來自美國政府的軍經援助外，基督教會的「施捨」也相當重要，台灣民眾不僅排隊領奶粉，也等著醫病。1948年，基督教門諾會派遣七人「見晴醫療隊」到山地為原住民服務。1953年，薄柔纜夫婦到花蓮，將醫療工作隊擴大為基督教門諾會醫院，在貧困的台灣東部，填補醫療的空白。1952年，服務於蘭醫館的傳教士蘭大衛的兒子蘭大弼，也來到彰化基督教醫院服務，他和父親一樣，用心經營「台灣中部人民的醫院」。

首都台北雖然醫療資源比其他各地都多，也仍有教會醫療的足跡。如1955年，美籍米勒耳為「基督復臨安息日會」創設了台灣療養院（1986年更名為台安醫院）。1959年抵台的羅慧夫，則先後服務於馬偕、長庚等醫院。

天主教和基督教的博愛精神與慈善醫療，不僅無遠弗屆，也近在咫尺。
（莊永明）

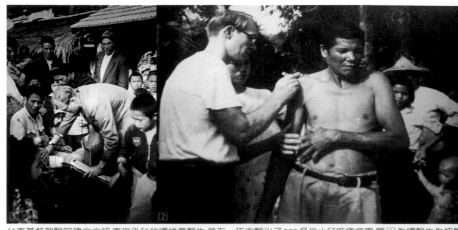

台東基督教醫院建立之初，專攻外科的譚維義醫生，曾在一年內醫治了300多位小兒痲痺病患，圖 [1] 為譚醫生為摔斷腿的原住民裝設義肢的情景，1958-59. [2] 譚醫生在台東進行山地巡迴醫療時，在深山部落診療打針的情景，1963-6.

[3] 蘭大弼醫師是蘭醫館創辦人蘭大衛的兒子，他繼承父志，為彰化地區的民眾服務，圖為他在彰化街頭帶著公事包騎腳踏車的身影，約1970年代.

[蓮]門諾醫院設於1948年,首重山地原住民巡迴醫療,初期因交通不便,也缺乏交通工具,只能以牛車跋山涉水運載醫療藥品,至各山區部落出診. ④為牛車上的何樂道醫生. ⑤為伊比爾醫師為原[住]民婦女種牛痘. ⑥為何羅拔醫師為病人拔牙的情景,窗外的人群不知是候診或只是好奇圍觀,1948.(④⑤⑥門諾醫院提供)

⑦不知走過多少顛簸山路的門諾醫院巡迴診療車,1948.(門諾醫院提供)

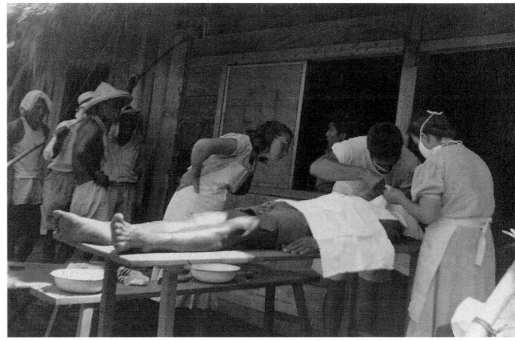

⑧戰後初期,偏遠地區的醫療設施相當缺乏,教會醫療人員往往因陋就簡,圖為戶外施行眼科手術的情景,1948.(門諾醫院提供)

✦【從天主堂來的醫生】

1945年終戰後,台灣
[的]醫療網尚未健全,醫院少、診所也不多,反而是一
[些]教會團體在各地設立了不少小型的衛生診療所,或
[並]且具規模的醫院。於是,從1950到70年代,全省各
[地]偏遠鄉村、山地和東部地區,都有教會人士親切的
[踪]影。圖為羅東聖母醫院醫師、護士、員工與當地居
[民]的紀念照。(圖約1960年代,羅東聖母醫院新聞室提供)

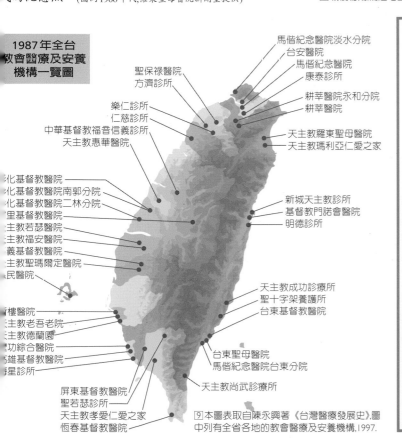

1987年全台
教會醫療及安養
機構一覽圖

馬偕紀念醫院淡水分院
台安醫院
馬偕紀念醫院
康泰診所

聖保祿醫院
方濟診所

樂仁診所
仁慈診所
中華基督教福音信義診所
天主教惠華醫院

耕莘醫院永和分院
耕莘醫院

[彰]化基督教醫院
[彰]化基督教醫院南郭分院
[彰]化基督教醫院二林分院
[埔]里基督教醫院
[天]主教若瑟醫院
[天]主教福安醫院
[信]義基督教醫院
[天]主教聖瑪爾定醫院
[民]醫院

天主教羅東聖母醫院
天主教瑪利亞仁愛之家

新城天主教診所
基督教門諾會醫院
明德診所

[竹]樓醫院
[天]主教老吾老院
[天]主教德蘭園
[成]功綜合醫院
[高]雄基督教醫院
[聖]瑆診所

天主教成功診療所
聖十字架養護所
台東基督教醫院

台東聖母醫院
馬偕紀念醫院台東分院

屏東基督教醫院
聖若瑟診所
天主教孝愛仁愛之家
恆春基督教醫院

天主教尚武診療所

⑨本圖表取自陳永興著《台灣醫療發展史》,圖中列有全省各地的教會醫療及安養機構,1997.

本土宗教醫療新開端

救卹設施在台灣有長久歷史,外來的宗教慈善事業在台灣雖僅百餘年,卻績效卓著,基督教、天主教在台創辦的醫院、診療所、痲瘋病院、安老院、孤兒院、福利機構,可說遍布全台,以出世的精神,做入世的事業。相對的,本土宗教也不落人後,佛教慈濟綜合醫院、北港媽祖醫院、三峽恩主公醫院等先後創設,增加不少救苦救難的事蹟。博愛慈悲,醫療濟世,不止是宗教的義舉善行,民間社團也紛紛投注資源,參與保健診療的工作。但在全民健保實施後,這些宗教醫療的「義診」空間是否受到壓縮?相信以愛心為基礎的醫院,仍會發揮難以取代的功效。

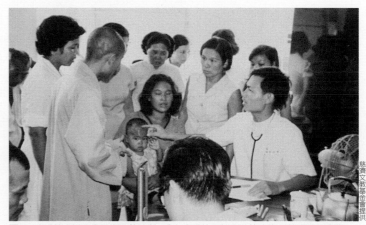

⑩1972年「慈濟附設貧民施醫義診所」成立,有多位醫師長期義診,直到慈濟醫院啟業.

下水道與檢疫班
日治時期醫療衛生基礎工程

日軍領台之初，即面臨島上疫病的嚴重威脅，因此，殖民政府上台後，很快就將疫病防治與衛生工作，列為施政重點，將傳染病、地方病的防治、公共衛生事務以及港口檢疫等，都列為衛生單位的職司範圍。

1896年，英國人巴爾頓（W.K. Burton）應邀來台主持衛生工程計畫，規畫自來水供應和水道系統，即「上、下水道工程」。在他努力之下，台灣首座上水道系統，於1898年在滬尾（淡水）完工啟用。1899年巴爾頓在台罹病，後以44歲英年棄世於東京，他對台灣衛生現代化建設的貢獻，贏得「台灣自來水之父」的美譽。

巴爾頓未竟之業，由總督府衛生課長濱野彌四郎繼續完成。日本據台之初，短短二年內即更換三任總督，第四任總督兒玉源太郎蒞任，以後藤新平為民政長官，在兩人的「鞭與飴」統治下，醫療設施與衛生改善，成績斐然。後藤創設「公共衛生費財團」，將民營市場、屠宰場及渡船等各項公共性質之事業，劃歸市街庄經營，徵收租用費，設立特別基金，充當衛生設施營繕費、衛生工程費和傳染病預防費等。

1902年，台灣地方稅制修正後規定，各地方所屬的衛生經費，包括公醫費、傳染病預防費、消毒費、水井和水溝及污水清潔費、屠宰檢賣費、衛生品檢費，如逢地方財源拮困時，則由日本國庫補助。公共衛生的改善，使1916年重遊台灣的首任總督樺山資紀留下「回首蠻風蠻雨處」、「異域始輝皇化新」的詩句。（莊永明）

⑴日治後期，台灣各地疫病再告嚴重，圖為1941年嘉義民雄發生霍亂疫情，青年團團員配合防疫人員準備進行防疫工作的情景.

⑵約1930年代的結核病預防公告上，刊登不同死因的人數比較，甲午戰爭2萬，日俄戰爭8萬，關東大地震10萬，而每年結核病死亡者高達13萬.

⑶在出生後一年內及十歲左右分別施行的天花定期種痘是強制性的醫療措施，警察查看時若拿不出種痘證，要重罰十圓，圖為幼兒的第一期種痘證，1943.

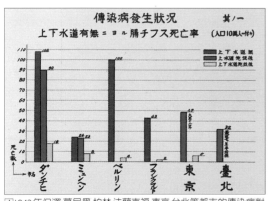

⑷1942年但澤，慕尼黑，柏林，法蘭克福，東京，台北等都市的傳染病對照表，呈現上、下水道設置與傷寒死亡率的關連，取自《台北市下水道調查書》⑸下水道宣傳海報，約1930年代。(⑷⑸國圖台灣分館提供)

左圖⑹1913年台北市在水源地塑立巴爾頓銅像，以紀念他對台灣水道建設的貢獻，圖為水源地風景明信片，紅圈處即今天的自來水博物館所在地.
上圖⑺自來水博物館內的唧筒室，現已列為三級古蹟. (自來水博物館提供)

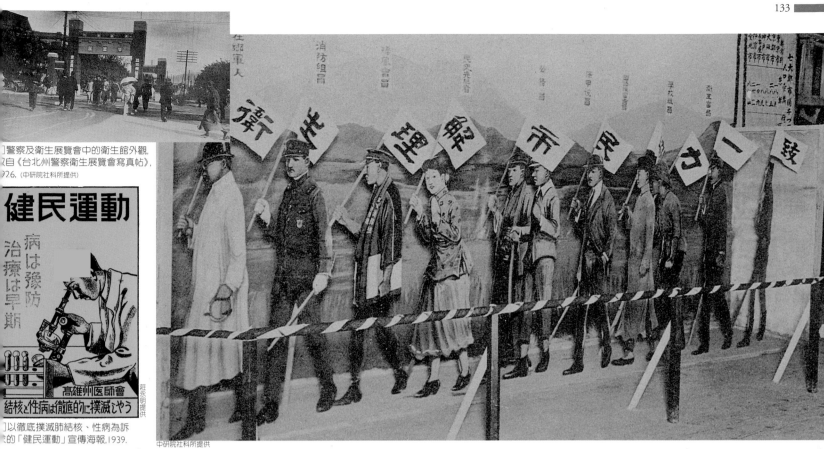

警察及衛生展覽會中的衛生館外觀.
取自《台北州警察衛生展覽會寫真帖》,
1926. (中研院社科所提供)

健民運動

病は豫防
治療は早期

結核と性病は徹底的に撲滅じやう

高雄州医師會

莊永明提供

以徹底撲滅肺結核、性病為訴
求的「健民運動」宣傳海報,1939.

中研院社科所提供

①【衛生展覽會】1925年11月,台北州舉辦警察及衛生展覽會,向民眾宣導衛生觀念。1931年各州廳明訂傷寒預防日、驅蟲日等,藉此強化特定疾病的防治。即使在平日,主管單位也常舉辦各種相關的衛生說明會、展覽會及電影放映會,由此可見日本殖民政府對衛生工作的重視。圖為警察衛生展覽會一隅。

個人衛生習慣的養成也是疾病防治的要項,圖為原住民兒童列隊學習刷牙的情景,約1930年代. (莊永明提供)

台灣瘟疫

台灣地處亞熱帶,「陽光強烈、溼氣很重」(馬偕語)各種傳染病猖獗,外來者視如洪水猛獸。1874年日軍攻占牡丹社時,即有「日軍之大敵,不在生番,而在瘴疾」之說。日治初期更將台灣比喻為「鬼界之島」,各地此起彼落的疫病,比當時的台灣反抗軍要難對付得多。1896年,台灣總督府公布的台灣八大傳染病包括:(1)虎疫(霍亂)、(2)鼠疫(黑死病)、(3)赤痢、(4)痘瘡(天花)、(5)斑疹傷寒、(6)傷寒、(7)桿菌痢疾與白喉、(8)猩紅熱。日本殖民政府防疫重點,在於傳染病的防治和檢疫設施的建立與執行,初步建構了台灣的防疫體系。為防堵島外疫病侵入,1896年「船舶檢疫假定手續」、1899年「台灣檢疫規則」相繼實施。1918年增列流行性腦脊髓膜炎,1936年再加流行性腦炎,成為十種法定傳染病。

⑫由耳朵取下血液樣本檢驗瘧疾的情景,約1940年代. (台北228紀念館提供)

「健康從小做起」日治時代經常舉辦健康寶寶比賽,圖為1942年嘉義番路庄比賽紀念照. (吳子文提供)

來我們一家大撲滅蚊蠅

65-0677
文重3.15公噸
載重 5 公噸

保眼愛盲・家庭計畫
1950-60年代公共衛生概況

戰後推行的「保健制度」，積極設置基層衛生機構，至1960年，各地市鎮鄉區衛生所增至360所。經濟起飛所顯現的「台灣經驗」，不僅在經濟建設上卓然有成，公共衛生政策的成果，也頗具績效。

台灣還處於「開發中國家」的年代，「保眼愛盲」和「家庭計畫」兩項工作的落實，令人印象深刻。很少有人知道每年12月5日為「保眼愛盲日」，更不明白在台奉獻41年的甘為霖牧師重視視障者人權和創辦盲人教育的事跡，但那個年代的學童應該還記得省下父母所給的零用錢，

①防癆皮影戲是防癆運動的推廣方式之一，圖為皮影戲偶老師傅張德成製作的肺癆偶,1961.(張博國提供)

來買「愛盲鉛筆」的記憶，每個人付出雖不多，但聚沙成塔，對視障朋友付出的愛心是難以衡量的。

1950年，第一本倡導節育的宣傳小冊《幸福家庭》問世，然而遲至1964年，家庭計畫才全面展開。「二個孩子恰恰好，一個孩子不嫌少」、「男孩女孩一樣好」的口號，大家耳熟能詳，積穀防飢、養兒防老的傳統觀念，因之動搖。1979年，台灣人口密度高居世界第二，當局更加強呼籲不要因人口增加而吞噬經濟的成長。（莊永明）

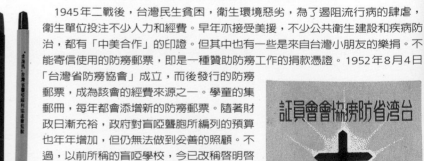

②防疫人員揹著貼有「中美合作」標誌的噴筒，朝茅草屋頂噴灑DDT的情景,DDT的噴灑徹底,加上其它配合措施,使得台灣在1965年便已成為瘧疾根除區,約1960年代.(行政院衛生署提供)

⬆【撲滅蚊蠅，人人有責】

蚊蠅是瘧疾、霍亂的病源，1952年開始台灣省衛生處在各地展開大規模防治工作——噴灑DDT。至1965年11月，世界衛生組織宣布台灣為瘧疾根除區。不過，近年來由蚊子傳播的急性熱病登革熱在台灣死灰復燃，顯示撲滅蚊蠅的工作，仍需努力。圖為1958年台北地區的撲滅蚊蠅運動宣傳車上的趣味裝置和演出。（陳永魁攝,中央社提供）

防癆、愛盲、助聾啞，大家一起來！

1945年二戰後，台灣民生貧困，衛生環境惡劣，為了遏阻流行病的肆虐，衛生單位投注不少人力和經費。早年亦接受美援，不少公共衛生建設和疾病防治，都有「中美合作」的印證。但其中也有一些是來自台灣小朋友的樂捐。不能寄信使用的防癆郵票，即是一種贊助防癆工作的捐款憑證。1952年8月4日「台灣省防癆協會」成立，而後發行的防癆郵票，成為該會的經費來源之一。學童的集郵冊，每年都會添增新的防癆郵票。隨著財政日漸充裕，政府對盲啞聾胞所編列的預算也年年增加，但仍無法做到妥善的照顧。不過，以前所稱的盲啞學校，今已改稱啟明啟聰學校，算是一種進步。

③1960-70年代聾啞福利協進會、愛盲促進會發行的原子筆.(陳輝明提供)

④1955-56年間的防癆郵票.(莊永明提供)

台灣省防癆協會會員証

⑤防癆協會會員證,1954.(莊永明提供)

左圖 6 為加強學童的衛生習慣,各地小學經常在晨間上課前檢查學生有無剪指甲、攜帶手帕,不合格的會被處罰,隔日還要複檢.圖為台中縣三田國小的學童晨間檢查,1950.(三田國小提供) 上圖 7 天花接種證明書,是當年出國必備的文件,1959.(莊永明提供)

圖 8 公共衛生護士在台北西門國小以DDT為學童治療頭蝨,1955,取自《台灣地區公共衛生發展史照片選集》.中圖 9 頭癬治療,約1950年代. 右圖 10 學童刷牙訓練,約1950年代.

照片由左至右:林麗蟾、鄭茂一、陳慶芳提供

左圖 11 屏東縣萬丹鄉衛生所的家庭計畫宣導布條,與入口門柱上的節育口號,約1950-60年代,取自《台灣地區公共衛生發展史照片選集》.(行政院衛生署提供)
上圖 12 早、晚期的家庭計畫都宣導「二個恰好」,不過早期意在提倡少生以減低人口過剩壓力,今日則是鼓勵多生以紓解人口老化後的壓力.(陳輝明攝自公車廣告)

十大衛生信條歌

取自1950年代小學教科書(蔡進昌提供)

衛生第一條,洗手記得牢,
飯前大小便後,一定要洗淨。
衛生第二條,東西要分清,
茶杯碗筷手巾,不借別人。
衛生第三條,青菜豆腐湯,
加上水果雞蛋,吃了保平安。
衛生第四條,大便要按時,
最好每天一次,再也不能少。
衛生第五條,手帕記得牢,
咳嗽或打噴嚏,蒙著口與鼻。
衛生第六條,姿勢要端正,
坐著立著走著,胸膛要前挺。
衛生第七條,常常要洗澡,
至少每天一次,能多也更好。
衛生第八條,戶外遊玩好,
每天兩個小時,再也不能少。
衛生第九條,刷牙記得牢,
早晚各刷一次,牙縫要刷到。
衛生第十條,晚上睡得早,
睡是十個小時,窗戶要開好。

13 美援對於台灣醫療及公共衛生的提昇與改善助益匪淺.圖為美國葛里斯頓博士為小朋友接種疫苗的情景,1959,陳少華攝.(中央社提供)

14 街頭霍亂預防注射站,約1950-60年代,取自《台灣地區公共衛生發展史照片選集》.(王惟收藏/行政院衛生署提供)

醫學校與
看護團
醫學教育的發展

日治時代台灣的醫學教育有扇「門」，通過它就能成為人人羨慕的「先生」（醫師），此門因年代、學制而先後有台灣總督府醫學校、台灣總督府醫學專門學校、台北帝國大學醫學部之別，都可說系出同門，和戰後的台灣大學醫學院都是景福會的校友，所以用景福為名，是因為校址位於台北市東門——景福門之旁。

1899年創設的醫學校於1929年走進歷史，共28屆畢業生。因當局採「入學從寬，畢業從嚴」政策，前三屆僅14人完成學業，取得醫師資格的畢業生，多成為社會中堅。致力於台灣醫史研究的醫學博士李騰嶽曾說：「（醫學校）當時是台灣最高學府，其畢業生無論在官、公立醫院就職或自己開業，均受到社會人士的尊重，所以有子女的家庭，男的希望去學醫，女的希望嫁予新畢業的醫師。」難怪台大醫學院一直是學子想要擠進去的窄門。

1956年私立高雄醫學院創校，才打破醫學教育「獨一無二」的局面。隨著其他醫學院的陸續成立，高等教育逐年提升，當醫生的管道也多了。

護士的培訓，源於1897年的「看護婦（護士）養成內規」，而助產士的講習則是以1902年的「產婆養成規定」最早。由於官方醫院養成的護士、助產士人數有限，殖民政府在緩不濟急下，也讓教會醫院和民間醫院設立講習班訓練人才。醫護和助產人員由學校產生，則是戰後的事了。（莊永明）

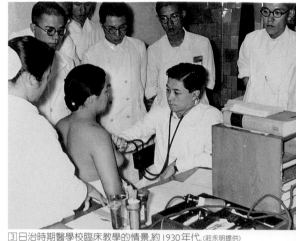

① 完成於1924年的台北病院，1938年移交成為台北帝大醫學部附屬醫院，建立了教學相長的佳例。② 台北病院成為帝大醫學部附屬醫院時，為使一般民眾了解情況，曾特別開放醫學部研究室和附屬醫院讓社會人士參觀。(莊永明提供)

③ 日治時期醫學校臨床教學的情景，約1930年代。(莊永明提供)

↑【解剖課上】台北病院改為大學附屬醫院後，因民眾不了解教學醫院的意義，以為身體會被視同老鼠或兔子成為教學用具，而引發風波。又因民眾願意提供全屍供研究的不多，早期解剖人體多來自死刑犯或病死的受刑人。圖為醫學校解剖課情景。(莊永明提供)

左圖④台北帝國大學醫學部第一屆畢業生合影，他們是台灣培養出來的第一批「大學制」醫學士，其中有14位台籍學生，1940。(莊永明提供)

上圖⑤1914年總督府醫學校第13屆畢業證書，頒受人是「台灣新文學之父」賴和，證書上明列各科目及授課教師，可窺見當時的醫學教育。(賴和紀念館提供)

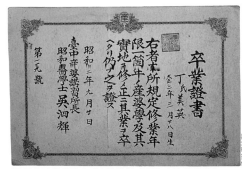

莊永明提供

⑨日治時期相當注重產婆的養成，圖為產婆畢業證書，1937.

⑥助產士養成教育是日治初期醫療教學體制的重要一環，圖為蔡阿信創立的台中清信醫院助產士畢業紀念照，1933.

⑩1930年的《台灣民報》曾經稱許護士是「女子高貴天職，病人唯一的好伴侶」，圖為1930-40年代的護士裝扮.

右圖⑪護士節紀念郵票，1964.
（遠流資料室）
下圖⑫慈濟護專設立於1989年，是宗教醫療系統的護士養成學校.
（慈濟文教基金會提供）

⑦台灣總督府更生院從事毒癮者的診療與戒除，也訓練出一批看護婦，為護理界增加不少生力軍。圖為更生院看護婦畢業紀念照，1932.

樂學至上，研究第一

高雄醫學院是杜聰明從台大醫學院退休後所創辦，他強調的「樂學至上，研究第一」仍影響台灣醫學教育。杜聰明選擇在高雄辦醫學院的原因之一，是世界熱帶病之父萬巴德曾在打狗服務。高雄醫學院曾在1958和1959年開辦「山地醫師醫學專修科」，1969年又和台北醫學院接受委辦「台灣省山地暨離島地區醫護人員養成計畫」。

⑧由於醫療資源分配不均，高醫首設山地醫師醫學專修科，希望為山地偏遠地區醫療提供進一步服務，圖為第一屆山醫科畢業照，1962.

來去看醫生
民眾日常醫療

接受診療，不說予（給）醫生看，而是講看醫生，顯見病患求診是「主動」的，也說明了台灣民眾對「先生」（醫師）的尊重。但是，醫師「下鄉」看病人，卻有百年歷史。

日治時期實施「公醫」制度。在統治初期台灣醫療網尚未建立，派駐在地方上從事醫療的公醫，不少是服務於偏遠地方，甚至是原住民居住的山地地區。殖民政府規定公醫候補生都須學習一門「非醫學性理論」科目——台灣土語（台灣話）。

醫學教育建制後，培育出來的台籍醫師，不少以懸壺濟世為職志。他們自行開設診療所，長期在地方行醫，不僅成為當地民眾的「家庭醫師」，也常被視為地方領袖。

以前的診所大多是全年無休看診，而且是24小時服務，三更半夜敲門急診不是罕見的事例。甚至還得接受「應召」，提著診療箱趕赴病患住家。台南醫師吳新榮所寫的下鄉出診記錄中提到「在摩托車時代，我們一出診可順路診療四、五十人的患者，尤其是麻疹或其他瘟疫流行時。我們如騎摩托車跑過了四、五個庄頭，回程路上，都可看到每庄頭的小店前，立一竹竿，這是表示有病人待診的記號。當時騎摩托車的人，大多是醫生，庄民一聽到喇叭的響聲，就立竿待醫。」

有些診所還是「在地人」的共同記憶呢。1929年韓石泉創設於台南市的「韓內科」，而今由兒子韓良誠繼續經營。府城人無不知曉這家已有70年歷史，保有幾萬份病歷表的「醫生館」。（莊永明）

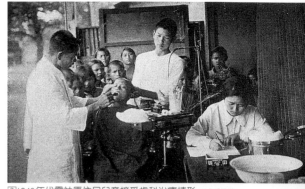

③1940年代霧社原住民兒童接受齒科治療情形.（莊永明提供）

④預防勝於治療，圖為透過比賽來宣導牙齒保健的優勝獎狀，1936.（張素娥提供）

⑤日治時期醫院及診所廣告.（遠流資料室）

①1935年台灣中部大地震期間,台中州清水街災情慘重,死傷甚多,地方仕紳組成賑災慰問巡迴診療團,圖為台灣民主運動人士楊肇嘉醫生帶領診療團下鄉,在災區的大樹下為民眾義診的情景.（陳景星提供）

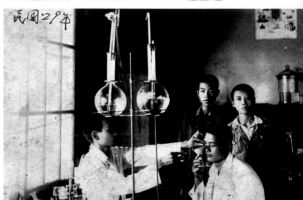

⑥砂眼是日治時期的傳染病之一,民眾失明的比例相當高,圖為嘉義鹿草砂眼保健組合醫務助理黃瑞卿(左一)替砂眼患者沖洗眼睛,1940.（黃瑞卿提供）

大家一起來撲滅阿片！

根據1900年的調查，台灣的「鴉片煙鬼」有169,064人，即每100人超過6人吸毒。日本殖民政府將鴉片列入專賣，採漸禁政策，並無根絕誠意。「非武裝抗日」人士紛紛起而反對，台灣民眾黨數度舉辦「打倒阿片大講演會」，該黨台南支部散發「阿片吸食撲滅宣傳單」，宣揚「阿片是亡國滅種的毒物，阿片是喪家敗身的工具，阿片的毒深中腦筋、骨髓，使人痴鈍、麻醉、早亡，有用之人變無用，有志之人變無志，有恥之人變無恥，是犯罪之源、是萬惡之首。同胞啊！請早醒回頭！切勿相率入陷阱、苦海，致永久沉沒，快要躍起合力改除，拒否這種毒物！……阿片絕滅，同胞之幸，台灣之益。」台灣民眾黨甚至將鴉片問題國際化，投訴國際聯盟，控告殖民政府毒化人民，當局因此設立更生院，由台灣第一位醫學博士杜聰明擔任醫局長。

②杜聰明(後排中)與更生院鴉片病患.

⑦賣藥花招自古有之,嘉義市錦榮商店專售婦人病名藥「惠乃玉」,為招攬客人特別安排小丑表演,連老闆也披著布條一起打頭陣,1930年代後期.（吳梅嶺提供）

陳政雄提供

⑩颱風夜的斷橋下,醫生和護士帶著器材涉水前往急病患者家中,陳耿彬攝.

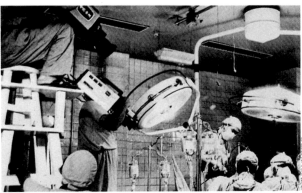

中國電視公司提供

⑪1979年連體嬰忠仁忠義兄弟在台大醫院進行分割手術,電視台也到場轉播,這次手術的成功,樹立起台灣醫療發展史上的新里程碑.

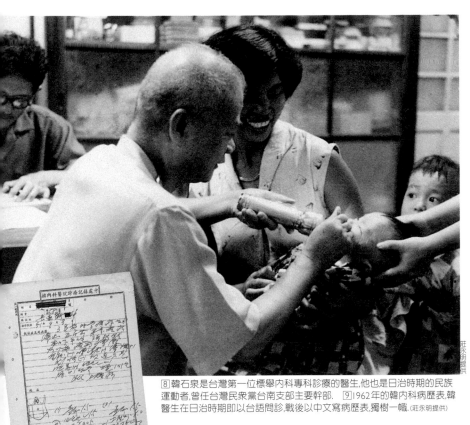

莊永明提供

⑧韓石泉是台灣第一位標舉內科專科診療的醫生,他也是日治時期的民族運動者,曾任台灣民眾黨台南支部主要幹部. ⑨1962年的韓內科病歷表,韓醫生在日治時期即以台語問診,戰後以中文寫病歷表,獨樹一幟.(莊永明提供)

⑨

⬇【離島醫療】

孤懸在台灣之外的「島外島」,一直是各項資源短缺的孤島,醫療狀況也不例外,所以小病要忍,大病要等。1979年台大醫學院畢業生廖慶源志願申請到蘭嶼服務,1987年高醫畢業生陳照隆選擇在故鄉綠島行醫,都是充實離島醫療資源的事例。圖為布農族的田雅各醫師自願在蘭嶼行醫的情景。(1987,關曉榮攝)

① 在傳統的民間習俗裡,到廟裡朝拜,不只求平安,也求健康,所謂有燒香就有保庇,廟裡的香符,藥籤也是治病「良方」,圖為台灣地區第一座廟宇澎湖天后宮,廟裡供奉的是「航海女神」媽祖,攝於1970年代.(莊永明提供)

② 原住民的巫師就是醫生,圖為巫師以萱草葉作法為病人祛病,約1930年代.(莊永明提供)

③ 民眾因小孩夜夢,大人撞邪等事由到廟裡請師傅「收驚」的情景,1990年代,鄧坤海攝.

④ 日本殖民政府雖然對漢醫有成見,漢藥店依舊存在,因台灣人對漢藥有根深柢固的信賴,約1910-20年代.(莊永明提供)

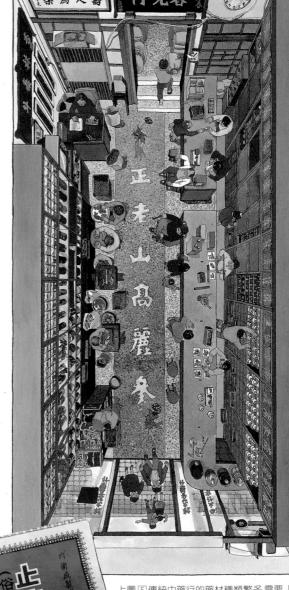

漢方・藥膏・青草巷
傳統與民俗療法

原住民的巫師唸咒驅魔和漢人的祈神問卜,對祛除病根是異路同歸,但治病服藥,還是得請「先生」(對醫師的敬稱)開藥單。台灣傳統診療,以漢醫為主,而求於所謂「草藥仙」的秘方和跑江湖的密醫,也不在少數。膏丸藥散和觀脈審氣,多數是祖傳秘方或師徒相授。

日本領台即貫徹西醫為本政策。1897年,殖民政府調查漢醫人數為1,070人。1901年公布「台灣醫生兔許(許可)規則」,要求從事漢醫及以秘方行醫者,應向警察機關登記,「立案」行醫。而後以漸禁方式,讓有執照的漢醫逐漸減少,以求貫徹西醫為本的政策。

漢醫和「中藥店」鑑於政令的束縛,企圖力挽狂瀾,曾經在1920年代發動「台灣漢醫復活運動」,強調「欲喚醒島民同感研究漢醫學,以擁護古聖遺法而應時勢之要求,革新研究保存我東洋古代文明之遺跡,以期發展。將來若能使我漢醫得與西洋並駕齊驅,則吾儕幸甚,亦我漢醫學界之幸甚。」此外漢醫界還和日本南拜山等人創立的「東洋醫道會」串連,圖謀使明治維新以來飽受打壓的東洋醫學能夠延續香火,進而發揚光大,和西洋醫學抗衡。不過,傳統醫學在1930年代初殖民政府的壓制下,始終「有氣無力」。

日治時代,漢醫雖然苟延殘喘,但是民俗療法仍然在民間有一線生機,畢竟根深柢固的相信「秘方」觀念是難以取代的。(莊永明)

上圖⑤傳統中藥行的藥材種類繁多,需要「漢藥藥劑師」來判斷藥材品質的好壞,因此多以「師傅徒、父授子」的方式來養成人才,圖為台北迪化街春元行的製藥、取藥流程一景,圖,取自《台北歷史深度旅遊》,洪大偉繪。(遠流資料室)

左圖⑥漢方治療跌打損傷的止痛「吊膏」,約1970年代.(謝錫傑提供)

止痛膏(俗名:吊膏)藥成

⑥

【江湖賣藥郎】 鏘！鏘！鑼聲響，告訴大家在廟埕或市集空地將有「熱情演出」，此為台灣農村時代常見的景象。穿村走鎮的賣藝人，往往是江湖賣藥郎。表演有文場和武場，前者是歌唱與艷舞，後者是「拳打腳踢」的武術展現，還有弄蛇耍猴的噱頭；祖傳秘方是他們推銷的產品，至於這些膏丸丹散能否如其三寸不爛之舌所說的「藥到病除」，就不得而知了。（1935，鄧南光攝）

成藥無所不在

有人說台灣人最愛吃藥，這並非無因。治療耳鳴腹痛、肝腎心肺的各式成藥，不僅隨處可買，甚至是多數家庭必備的生活用品。早期這些「便藥仔」以漢方藥劑為多，通常會標明衛生單位許可的字樣。一般家庭多有月結制的「寄藥包」，在鄉下則有騎腳踏車的藥販到村莊兜售。近年來，愛吃藥的台灣人，連出國觀光也不忘帶幾瓶藥回來。

⑦弄蛇是為了招徠人潮，賣膏藥才是正事，1976，徐仁修攝．

⑧青草集散地——台北萬華的青草巷，是台灣本土民俗療法的聖地之一，1990，林國彰攝．

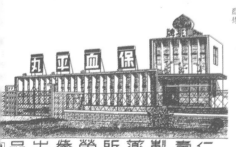

許多中藥品牌都是透過電台廣播節目等密集廣告方式來向大眾促銷．圖⑨⑩⑪取自《工商指南曆書》，1962，吳興文提供． ⑫陳輝明提供． ⑬取自《自由談》，1956．（遠流資料室）

全民健康第一線
20世紀末醫療問題面面觀

1987年7月11日,全球人口突破50億大關:兩年後的1989年7月15日,台灣地區人口數也達到二千萬人;「優生保健」已成人口政策的重大課題。

台灣進入工業社會後,環保問題日益嚴重,公共衛生防禦網因之被侵蝕。工業污染造成的中毒傷害事件,層出不窮,如多氯聯苯中毒、含汞海鮮、果菜農藥殘存、含抗生素的家禽肉,甚至餿水油、過期食品事件等等,都暴露了台灣醫療衛生上防不勝防的問題。

20世紀末的台灣醫療狀況,除了每年加強宣導民眾對高居「死亡榜首」的癌症注意防患外,對於有「國病」之稱的B型肝炎和「20世紀黑死病」的愛滋病,也投注可觀的研究經費進行防治。

1980年,行政院成立了「B型肝炎防治委員會」,翌年核定「防治計畫」,1983年「B型肝炎預防注射實施計畫」核准實施,每年辦理孕婦B型肝炎檢驗和新生兒注射。更針對預防工作,由衛生署擬定十年接種疫苗計畫。

1984年末,台灣發現首樁愛滋病病例後,1985年6月即正式將之列於「報告傳染病」,並成立「後天免疫缺乏症候群防治小組」。但是在性氾濫愈來愈嚴重的情況下,以及出國觀光、開放外勞等各種因素,1996年,台灣愛滋病感染個案即已破千,目前數字還一直往上升。此外,登革熱死灰復燃的威脅,以及「血荒」對輸血醫療的影響,似乎都是20世紀末每年必被提出討論的問題。

1996年6月1日,「財團法人國家衛生研究院」正式宣告成立,對於這個「國家級」醫療衛生研究機構的未來成效,各方拭目以待,期望藉此讓台灣成為21世紀的「衛生大國」。(莊永明)

↑【健保保不保?】 從勞保(1950年)、公保(1958年)、農保(1989年)到1995年實施的全民健康保險法,台灣的醫療保險制度似已全民化。但這項原擬訂在2000年辦理的政策提前實施,是否以較低保費、較好福利、較佳保險來服務民眾實有待商榷,因而引發了工人團體的「賤保不保」抗爭。 (1996,潘小俠攝)

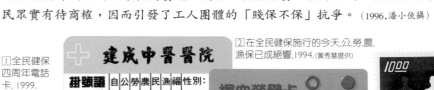

① 全民健保四周年電話卡,1999.(陳輝明提供)

② 在全民健保施行的今天,公、勞、農、漁保已成絕響,1994.(黃秀慧提供)

③④ 在血荒期間,捐血一袋是救人一命的好事,在愛滋氾濫的今日,不當捐血則有可能會害死許多人.(③陳秀梅提供④遠流資料室)

⑤ 愛滋病防治義工祈家威身穿保險套串成的流蘇裝,到大專院校門口發送保險套,向學生宣導安全性行為,1993,台大,黃子明攝. ⑥ 世界愛滋病日報紙廣告,取自《自立晚報》,1994.(莊永明提供)

藥注意

還是給您的保障與權利

NO DRUGS, HEALTH ONLY
只要健康,不要毒

NO

本場所全面禁菸

於禁菸場所吸菸,經勸阻而拒不合作者,
處新台幣一千元以上,三千元以下罰鍰.

⑧⑨⑩取自行政院衛生署文宣品,莊永明提供

防疫宣導系列一2.登革熱防治

登革熱

是一種由蚊蟲媒介傳播的
病毒性傳染病 (分 I II III IV 型)

北週緣線以北登革病媒蚊的真面目

白線斑蚊

台北縣衛生局製

⑦防治登革熱宣導品,2000,取自台
北縣衛生局文宣品.(遠流資料室)

⑧濫用成藥,吃錯藥是台灣長久以來
的病態現象,這也突顯了藥品管制的
問題,圖為衛生署呼籲民眾謹慎用藥
的廣告.⑨⑩禁菸與反毒都是近年來
重要的健康議題.

⑪台灣是近視王國,眼鏡族隨處可見,
畫面上的學生啦啦隊戴眼鏡者高達
84位,未戴者僅28位,1990,楊文卿攝.

癌症末期可以安寧!

安寧照顧基金會

⑫癌症在20世紀末已經成為全民醫
療的焦點問題.圖為癌症末期安寧療
護廣告,2000.(安寧照顧基金會提供)

十大死因排行榜

衛生署每年發布「台灣地區年度十
大死因」,做為衛生教育的參考和提
供防治的策略. 1950年代的十大死
因中,胃炎、肺炎名列前茅,惡性贅
瘤、瘧疾也赫然出現榜上.到了1990
年代,則是惡性腫瘤、腦血管疾病、
意外事故、心臟疾病、糖尿病、慢性
肝病及肝硬化、腎炎、肺炎、高血壓
性疾病、支氣管炎等.台灣在邁入高
齡化社會後,自殺案件可能會逐年增
加,因此有人憂心未來自殺將取代癌
症成為十大死因的榜首.

⑬國民保健郵票,上為心臟保健,
1977,下為防癌,1978.(遠流資料室)

⑮隨著醫學進步和文明病症
的演生變異,今日大型綜合醫
院的科別,已劃分得越來越細,
想要頭痛醫頭、腳痛醫腳,已
不再是件容易的事,圖為1990
年代末期的醫院掛號單.
(遠流資料室)

⑯現代台灣人從頭到腳,從
裡到外,從有形的按摩指壓
到無形的芳香療法,都有五
花八門的健康指南可供參
考,圖為1990年代以來的
健康書籍.(遠流資料室)

健康步道

腳底反射區圖

⑭由腳底穴道按摩風潮帶動起來的健康步道,在台灣各地的公園隨處可見,2000,陳輝明攝.

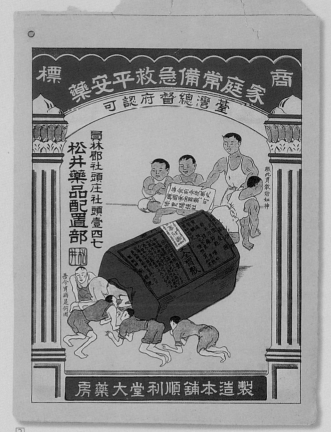
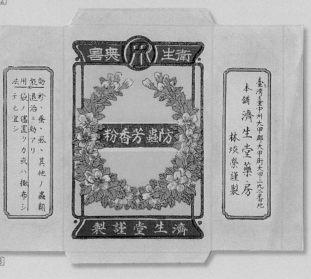
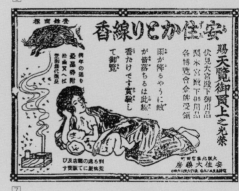

有病治病，沒病固身體

【圖片說明】瘧疾、痲瘡是日治時期的重大疾病，圖①⑤為1912年廣告。(遠流資料室) ②日治時期寄藥包。(陳慶芳提供) 防蚊、防蟲用品是亞熱帶台灣的生活必需品，圖③⑦為日治時期用品，⑭為1957和1960年代的用品。(②莊永明提供 ⑭陳聰吉提供 ⑦遠流資料室) ④日治時期西藥房感冒藥袋。(莊永明提供) ⑥日治時期眼鏡行廣告。(來源同⑦) ⑧傷風克廣告。(莊永明提供) ⑨可樂健廣告，約1950年代。(遠流資料室) ⑩防空年代的藥品急救箱。(遠流資料室) ⑫液精與⑬海狗丸、鳳凰蛋是1950年代的壯陽補陰品。(⑫鄭世璠提供 ⑬遠流資料室) ⑮生胃乳 ⑯明通固精丹 ⑰濟利丸是1950-70年代的胃病、腸胃病藥品。(⑯莊永明提供) ⑱零售保險套與⑲保育素是1960-70年代家庭計畫下的產物。(⑱⑲鄭世璠提供) ⑳太陽製產品，約1970年代。(莊永明提供) ㉑戰前的十分間 ㉒戰後的五分珠都是頭路藥。㉓以當紅明星凌波為代言人的白花油廣告，約1960年代。㉔鷚鴣菜是老牌小兒科藥品，約1960年代。㉕㉖是1946與1967的魚肝油廣告。(莊永明提供) ㉗㉘1960年代的明通藥品寄藥包與包裝上的食物中毒表。(莊永明提供)

新辭彙·舊時語

【寄藥包】從日治時代延續到1970年代初期左右的藥販家庭服務。這種家庭常備平安藥「藥包袋仔」，通常懸掛在客廳牆壁，內置強胃散、仁丹、頭痛齒痛藥、止瀉藥等十來種藥品。藥販每月到府結算，就當月使用的部分收帳，並補充短缺部分。在一般民眾對醫療保健所知有限的年代，其訴求多用圖來說明，如氣喘病即以蝦、龜、掃把的台語諧音來表達，好讓不識字的人一看便知。這種捨醫就藥、不合理的情形，今已不再。

144

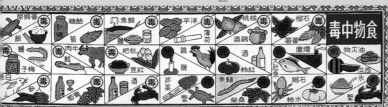

【中醫科學化】從前漢醫所開的中藥多為祖傳藥方，未經科學檢驗。日治時代，尊西醫輕漢醫，視中藥為「偏方」。台灣第一位醫學博士杜聰明主張「現代西洋醫學及漢藥學需要一元化」，他蒐羅漢醫文獻，並親往中國、朝鮮、日本調查藥材，於1928年發表〈關於中醫學研究方法的發展〉論文。1945年二戰後，他接掌台大醫學院兼醫院院長時曾爭取設立漢方科，可惜未成。中醫學院的設立，以及看中醫可享健保給付，已是近年的事。

【嗑藥】指「沒有病」的人吸食迷幻藥。20世紀初期以來，抽鴉片、注射速賜康、吸強力膠、吸安非他命、吃搖頭丸都是嗑藥行為。嗑藥族麻醉自己、逃避現實，甚至妨礙社會安寧，需從醫療觀點來改變這種現象。

【密醫】指未取得合法醫師資格，擅自行醫者。在1975年新版醫師法施行細則公布前，密醫散布各地，造成民眾生命與健康的威脅；而以「經驗醫術」行醫，對「醫權」也無保障。消滅密醫雖是共識，立法卻歷經波折。

【安樂死】明知病危，「依法」卻無法「安樂」面對臨終而引發的生存權vs死亡權問題，常發生在植物人或絕症末期患者身上。現今有些醫院設立「緩和醫療病房」，為病患提供臨終照顧，算是對無法安樂死的另一種解套。

歷史照相簿

　　記憶的方式有許多種，有人用聲音，有人用物件，有人收集圖像，也有人用心。只是心會老，會模糊，於是大部分的人選擇收集圖像來輔助心的記憶。

　　歷史照相簿是記憶的照相簿，它不是記憶某個時代重大事件的瞬間，也不是記錄那個時代裡最著名的人物。它是用圖像來記憶每個平凡個體的歷史，因為無論在哪一個年代，他們代表了大部分人所扮演的主要角色。在端看每一張照片時，我們都能發現屬於那個時代最獨一無二的特徵，即使是笑容，即使同樣在嬉戲，同樣在面對生死，他們的身上都有歷史的烙印。

時光的腳步，寂靜地滑過空蕩的街道，滑過小孩輕輕轉動輪胎的身影。(1972,苗栗,徐仁修攝,相關主題見p158-159)

只要我長大

小樹長高，光陰消逝，生命正在變化：從兒童到少年，從青少年到青年，只要我長大

1 學步車。小男孩乾淨合身的衣服、潔淨的臉蛋，左手推著新的木雞學步車，這是貧困時代裡生活富裕的天之驕子。(約1950年代,莊永明提供)

2 三姐弟。年紀最小的妹妹坐在台灣傳統的「母子椅」上，椅子擺正，是大人坐的竹椅，倒放則是娃娃椅。姊姊穿著不合身的洋裝，頂著一頭舊時台灣孩子常有的西瓜頭。(謝省躬攝,常民文化學會提供)

3 泥巴孩子。那是一個溪流、水圳都清澈的時代，田邊的小孩玩得滿身是泥也不嫌髒。(1954台南永康,楊基炘攝)

4 小哥哥揹小弟弟。小小身軀纏滿了「延巾」(揹帶)，穿著破舊不堪、滿是補丁的衣服。在1950-60年代的農村家庭，大人都工作去了，小哥哥小姊姊必須負起照顧年幼弟妹的工作。(謝省躬攝,常民文化學會提供)

5 暑假時節。台中縣大安鄉田心村的小朋友們相聚玩家家酒，在空空的牛車上，和狗兒一起留下歡樂童年的瞬間剪影。至於那頭平時負責駛板車的牛，大概也放暑假去了。(1982,徐仁修攝)

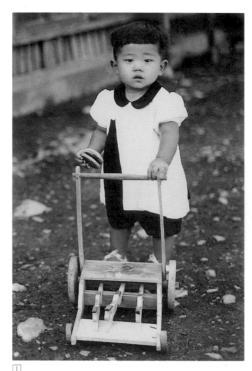

1

2

4

3

5

6 泰雅族三少女。1937年，日本殖民政府著手規劃大屯山、玉山阿里山、太魯閣等三座國家公園時，曾邀請日籍攝影家岡田紅陽拍攝預定區內壯闊的山林景致與原住民聚落，並製作成《台灣國立公園寫眞集》照片中的三位少女，身著傳統服裝，笑容無比燦爛。(莊永明提供)

7 三少年。日治後期皇民化運動期間，南投郡南投街防衛團的年輕團員，身著制服、手持棍棒的紀念照。(1940年代初期，施秀盼提供)

8 賽夏族少女。這是攝影家張才隨同人類學者陳奇祿至台灣各處研究調查原住民期間，拍下的許多人像之一。這批作品兼顧了人類學記錄以及攝影家捕捉人物性格的雙重觀點。(1950，苗栗南庄)

9 青澀。在台北新公園約會的高中生。(1987，蕭永盛攝)

10 八尺門的朋友。星期天的下午，攝影師在基隆和平島八尺門的原住民聚落拍下這對好友的合照。右邊的年輕人身上穿著海軍陸戰隊士官班制服，他即將收假回校，雙手搭著他右肩的好友，眼神充滿憂鬱。(1979-84，蕭永盛攝)

歷史照相簿

生命如酒香

高山的小米酒、街頭巷尾的紅標米酒、醇和的紹興酒、濃洌的高粱酒，每一張容顏都是一種酒，隨著歲月飄香

① 龜山頂遙拜所時光。位在楊梅的龜山頂遙拜所和台灣其他地方的神社或者遙拜所一樣，都是頂禮膜拜日本神道的地方。五位男士身後的欄杆所圍起來的區域，就是遙拜所，因為遙拜所多設在地勢較高、風景優美的地方，所以除了特定的日本節日，平日一般民眾也會到遙拜所遊玩。畫面上的五位男士有的軍服敞開，有的呢帽斜戴，有的雙手交叉抱胸，個個看來愉快自得，一派華年正盛好時光的模樣。（約1940,吳金淼攝）

② 告別單身紀念照。台中州立台中商業學校第一屆畢業生趙材發在結婚前夕，和他的同學們以「告別單身」為名所拍攝的紀念照，拍攝地點是台中岡崎寫真社。（1923,趙世昌提供）

③ 軍裝男士。照片右方的王先生在1949年從安徽偏僻的山村出發，尋找隨著國民政府部隊四處移防的大哥，他們終於在江西九江碰面，接著又隨部隊來到台灣。20世紀中期台海兩岸因戰亂分隔後，他們都成為所謂的「外省第一代」，從此在台灣生根。（約1960年代,王紹中提供）

④ 排灣族婦女。同前頁圖⑧是攝影家張才與人類學家陳奇祿進行台灣原住民調查期間的攝影作品，這是張才把原住民昂揚生存在土地上的自信，以及因為這自信而來的美麗，表達得最為飽滿、真實的系列攝影作品之一。（1954,屏東三地門）

念記別告性單

5 老祖母。傳統的漢人仕宦家族常為老祖父老祖母畫像或拍紀念照。早期的畫像多是請畫像館的畫師根據相片來畫,不過一般平民照只有人像的頭部是真實的,其他象徵富貴的衣飾、配件都是固定的背景。畫像館會提供已畫好的各式造型,供人選擇。(約1930-40年代,嘉義王德祿家族,王乃謙提供)

6 泰雅族老嫗。活在傳統逐漸消逝的年代,黥面老婦的紋彩不因時光褪去,裹在頭上的布巾,卻從傳統手織布換成了毛巾,彷彿黥面才是她身分的唯一證明。(1982,徐仁修攝)

7 老農夫。手扶在翹起的膝頭上,這樣的坐姿是農村勞動者的「專利」。老農身上的唐衫,與身後依稀可辨的山村景象,傳遞出「悠哉日頭光」的農村氣息。(1960年代,謝省躬攝,常民文化學會提供)

8 老夫婦。略顯緊張而侷促的姿態表情,頗耐人尋味。丈夫的長大衣,妻子的小外套、絲襪、高跟鞋都像是為了拍照,而臨時加在原來的農村短衫褲之外,形成一種不協調的對比。(1970年代,陳振海攝,李添福提供)

年年歲歲全家福

爸爸媽媽哥哥姊姊弟弟妹妹阿嬤阿公，古早的，現代的，微笑的，嚴肅的，天增歲月人增壽，年年歲歲年年

1

3

4

2

5

⑴ 洪燧父子。一般漢人家庭都會在新生兒周歲時拍攝紀念照，照片中父子二人的髮式衣著和相館陳設，都流露出清朝的風格。(1911,洪孔達收藏,陳政雄提供)

⑵ 清代樣貌的家庭照。全家都是清代民服的裝扮，母親因纏腳而手拄拐杖，右邊的小女孩也開始纏腳，站得顛跛。(約1890年代,國圖台灣分館提供)

⑶ 父子。時值太平洋戰爭，父子二人以帶有日式軍服色彩的服裝在相館留下合影。(1940年代,徐仁修提供)

⑷ 母子。每個人身上穿的好衣服都是新的。一個富裕的家庭，他們經常至照相館拍照，不需特別的理由。(1930年代末期,黃淵泉提供)

⑸ 南投施姓商人家族群像，第二排右三為當時的商界名人施學賢。從唐裝、西裝、和服等服飾的多樣，和自家庭園的規模，可以嗅出望族的氣派。(約1910-20年代,施秀盼提供)

⑹ 吳金淼全家福。右二是楊梅攝影家吳金淼，他稟賦強烈的藝術傾向，但家庭因素讓他只能做個相館師傅，任歲月默默沖刷出一幕幕無言的家鄉人事風景。右一是受他影響也拍照的弟弟吳金榮，最左邊是小妹妹，三人都沒有成家，一生相依。1944年過年時全家和狗兒在老式蛇腹相機旁合影。家人各自忙碌，幾十年後，照片上的四人都過世了，照片才由吳金榮洗出來。(吳榮訓提供)

⑺ 祖孫。張氏清河堂正門，「清影綠繞風光好」的年代。(1972,新竹,徐仁修攝)

⑻ 家族合影。左一為自然生態觀察家徐仁修。(1966,徐仁修提供)

⑼ 現代母女照。照片中的母親想起她的母親曾和六個月大的她合照，於是她在女兒出生二個月後，母女倆也到相館拍下一張黑白照。(2000,詹安妮提供)

胼手胝足來打拚 勞動是神聖的。要當牛，還怕沒犁拖？天道酬勤，汗水滴落土地，長出一個又一個的夢與希望

1 山中捕魚。這是阿里山鄒族特有的捕魚方式，他們以竹片編成魚網，架在湍急奔流的溪旁，兜起竹網一端，等待溪中一種小型的淡水鯉魚在逆流跳躍上行時自投羅網。攝影師陳耿彬為日治時代台灣新聞社的攝影記者，拍攝了許多1940至60年代中部地區，尤其是台中市區的日常生活百態。（陳政雄提供）

2 原住民持火槍狩獵。黑白照片上色，是日治時代風景明信片常見的做法。此為因應觀光需求，而發行之以台灣原住民部落生活形態為「賣點」的系列明信片之一，連發行所都以「生蕃屋」來命名。（簡義雄提供）

3 原住民織布。簡易紡織機不占空間，易於搬動，僅適合編織布幅較窄的布片。這位露天席地織布的泰雅族婦女，黥面，上身赤裸，揹著還在襁褓中的小孩。從她對著鏡頭的眼神，和做勢織布的姿態，可以看出這張照片和圖2一樣，是「擺弄」出來的樣板畫面。（國圖台灣分館提供）

4 克難菜圃。國民政府軍隊來台初期，物資缺乏，生活艱辛，部隊裡的阿兵哥往往種菜兼養豬，補充營養。這是高雄鳳山營區阿兵哥自營的「克難菜圃」。（約1950年代,羅超群攝）

⑤彈棉花。在今天，輕而保暖的鵝毛被、蠶絲被已逐漸取代傳統的厚重棉花被，打棉被這古老的行業正逐漸消失。照片中是台中新社鄉大南村的打棉被師傅，他同時也兼做拳頭師。(1973,徐仁修攝)

⑥甘蔗工人。台灣曾經是蔗糖王國，甘蔗園是主要的農業景觀之一。甘蔗重而長，搬運不易，採收時多靠壯漢。他們頂著炎熱的南國炎陽，肩上一綑十多根甘蔗，在農業機械化後的時代，這樣的景象難以復見。(1965-70,埔里，梁正居攝)

⑦台電工人。今天台灣達99.7%的電力普及率，全靠這群上山下海、攀高走低的台電保線隊工人。他們熟練的騰在半空中，進行配線的工作，就連休息喝水也全在上面，其中的驚險不難想像。(1965,台中,陳耿彬攝,陳政雄提供)

⑧服務小姐。早上十一點、晚上十點的百貨公司大門前，或是電梯內的樓層按鈕邊，總會看到服務小姐彎身鞠躬，親切地和客人問候，這是1980年代日系百貨公司登陸台灣後才開始出現的景象。(1995,台北,陳炳勳攝)

尋常百姓生活味

平常最有味。街談巷語，笑聲朗朗。浮生若夢，偷來的那一刻，悠哉且從容，在島嶼漫漫歲月之中

① 趕路。婦人手上拎著包袱、肩上揹著幼兒，能自己走路的小女孩落在後頭，夕陽拉長了眾人趕路歸家的身影。畫面左後方是稻草搭成的鵝圈，泥土路旁是稻草堆和散落的草屑，這是一幅早已消失的台灣農村景象。(1965,陳耿彬攝,陳政雄提供)

② 溪邊洗衣。據說客家婦女面向河岸洗衣，是為防禦隨時可能入侵的外敵。這群在美濃城門與土角厝襯托下的溪邊婦女，洗衣的模樣仍有古風。(1969,徐仁修攝)

③ 野炊。衣服隨意掛在樹枒上，有人圍在大鍋邊，有人在剁菜，右方擺著綁打麻繩網起的啤酒罐。這是台灣前輩美術家李梅樹（應為左起第二位）和朋友在郊外野炊的情景，畫面上沒有女人，是男人聚在一起享受的悠閒時光。(1936,李梅樹紀念館提供)

④悠哉日頭光。正午剛過，三輪車夫偷個閒看報；婦人聊天，孩童在一旁嬉戲；戴著斗笠的男人正擔起扁擔，日影微斜……舊時台南古城巷弄裡的市井小民，在照片裡重現，只是畫外音已遠去。出生於1923年的楊基炘，在1950年代任職於農復會期間，拍攝了許多南台灣的農村景象。(1956,台南市)

⑤達悟族父子。小孩雙手抱胸，翹著左腳，舒服地躺在父親親手編成的搖籃裡。父親搖著搖籃，低頭關愛的神情，與幼兒的安靜夢鄉，共鳴相依。(1960,蘭嶼,鄧南光攝)

⑥路邊剪髮。台北縣瑞芳鎮建基煤礦(1960年代-1990，現已停工)位在東北角海邊，是台灣第一個海底煤礦，因挖礦的平地人越來越少，礦場遂招攬許多原住民礦工，於是北台灣出現了這樣一個從花蓮、台東「移植」過來的阿美族聚落。照片後方的平房是廠方蓋的，因屋內窄小擁擠，族人常到小廣場閒聚，小孩玩耍嬉戲、騎腳踏車，大人聊天，還有剪頭髮一事，也在這裡解決。(1984,蔡明德攝)

莫忘好時光

那是我們的野台戲班、走唱與聽講古的地方，還有遊樂場、游泳池，歡樂時光當記取，莫忘，莫忘，我們的島嶼！

⓵

⓶

⓷

⓵酒國歡樂漢。日本殖民政府在太平洋戰爭時期實施物資管制，照理說當時的生活是艱苦的，但這張親友歡聚飲酒的照片上卻有一種毫不矯飾的歡樂氣息。右二那位「好漢」手裡的手風琴，正是日治時代台灣民眾日常自娛自唱的「隨手拉」樂器，不像現今的台灣人必須到KTV去對著螢幕來唱歌。（1944，徐仁修提供）

⓶一人樂隊。新竹國民戲院前的賣藝人，前胸掛小鼓，後背揹大鼓，左手拿小傘，右手敲小鑼。賣藝人有時是為人宣傳做廣告，有時是為了賣點小零食而做的宣傳噱頭。（1957，吳冰雲攝）

⓷說書。說的多半是七俠五義之類的章回小說，是電視機還未普遍時，一般民眾晚上常有的娛樂。說書人說個20分鐘，就會暫時休息收一次錢，想要繼續聽下去就得再繳錢。一個晚上大概要有兩個小時才能把故事說完。（1956，台北，楊基炘攝）

射輪盤。這是舊時台灣的賭博性娛樂，在廟前野台戲場邊最常見。輪盤上標有不同點數，參賭的人和莊家比賽，看誰射中的點數高，比贏了，或可得獎品，或可吃根烤香腸。(1960,鄧南光攝)

⑤滾輪胎。小孩子什麼都能玩。多天的下午，一個小孩滾著腳踏車輪胎，前一個還沒有倒下來，又推出了另一個。(1972,苗栗,徐仁修攝)

⑥電玩世界。電動玩具徹底改變了現代兒童與青少年的娛樂方式，讓他們從現實走進虛擬的聲光世界。從早期笨重的卡帶電視遊樂器，到今日「網咖年代」的網路連線對戰，電玩時代，已非虛擬。(1992,台北,楊文卿攝)

⑦都市人消暑。附屬救國團的再春游泳池(今已拆除)，當初是因淡水河常發生孩童溺斃事件，蔣經國便下令設置安全的戲水環境，曾是台北最大的公共游泳池，每到夏季便泡滿一池人。(1976,馮國鏘攝,中央社提供)

人生婚嫁

生命轉彎的地方，身邊多了一個人：與子偕行，死生契闊，從此攜手走遠路，從生命的這一端到那一端

① 新人照。日治時代皇民化運動展開後，當局鼓勵民眾在神社舉行結婚儀式，圖爲台灣神社前的新婚夫妻。(1939,李景暘提供)

② 現代新人。從前結婚照上的新人，表情都是嚴肅的，現在則是喜悅的；從前的結婚照只有一張，現在的則大多是厚厚一本；不變的是，爲終身大事留下見證。(1998,詹安妮提供)

③ 花童。在台灣的結婚儀式中花童是不可少的角色。孩子們也愛當花童，除了新娘、新郎外就屬他們最引人注目。(1966,陳輝明提供)

④ 淡水長老教會禮拜堂前的婚禮合照。基督教婚禮儀式簡單隆重，多半僅是接受牧師的福證而已。不過結婚合照還是不能免，除了親朋好友，牧師及教會人員也都受邀合照留念。(約1930年代,莊永明提供)

⑤ 燙金喜幛前的閩南式婚禮。在結婚宴客的當天，一家老小通常會在家中大廳合照留念，這樣的形式在過去十分普遍，現在則比較少見。相片中掛在牆上寫著各式祝福賀語的布幔稱爲「喜幛」，是親友贈與新人的賀禮，也有人將禮金直接別在喜幛上，炫耀禮金的多寡。(1958,台北,黃慶峰提供)

⑥ 阿美族現代婚禮。在群峰矗立的背景前，台東縣利吉村阿美族的一對新人和親友在家門外合影留念。(1980,徐仁修攝)

①

④

②

⑤

③

⑥

⑦

⑧ 迎花轎。孩子跟著花轎前後後跑，搶著瞧新娘子一眼，竹子編成的花轎在台灣本島並不常見。（1956,金門楊基炘攝）

⑨ 轎車迎娶。迎娶新娘，派頭越大越顯風光，租一輛「黑頭車」最是恰當。著西裝的男子手持黑傘遮護新娘走入禮車，新娘子在這天的地位比誰都大，所以不能和另一「最大」的天公照面，得用黑傘隔離兩方；另外也有辟邪的說法。（1950,台北大稻埕,張才攝）

⑦ 囍窗看新娘。孩子們的眼神在說些什麼？羨慕？好奇？花布紮成的頭紗，遮住了新娘低垂的眼神，她手裡拿的是塑膠捧花。除了紅色鳳袍、白紗禮服外，在楊基炘的鏡頭下，我們看見了另一個年代，另一種生活條件下的新娘。（1956,金門,楊基炘攝）

告別人生

這是風，這是雨，這是終點的到來。即使已載滿歡樂亦辛酸，島嶼慢慢的堆積，一代又一代，一個家族又一個家族

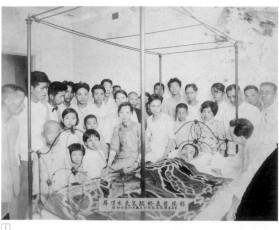

[1]

[2]

[3]

① 臨終紀念照。1931年蔣渭水病逝於台北醫院，臨終前親友圍在病床邊與他合照。蔣渭水一生投入台灣民族運動，許多當年的友伴都出現在這張照片上，如：站立在床後右起第四位為台灣第一位醫學博士杜聰明。(1931,莊永明提供)

② 閩南式的基督徒墓地。在嘉義朴子牛挑灣墓園裡，在高大的甘蔗田前，基督徒吳必聲的後代子孫們在墓前合影。(1940年代,吳富美提供)

③ 田園再見。手握幡旗的孩子們排成一列，走在山村的田埂上。這是富裕人家的出殯行列，通常掌旗送葬者多半由附近的孩子或遊民來擔任，藉此換取微薄的工資。(1941,北埔,鄧南光攝)

[4]

5

6

7

8

④台南安平墓園。這座面對
大海的墓園，由於形式特
殊，在日治時代曾是台南的
觀光景點之一，以它爲題材
的風景明信片在當時曾經流
行；不過這張照片上的月亮
像說是在暗房裡作出來的。
（1947,張才攝）
⑤告別土路塵沙。一列出殯

隊伍經過鄉下的碎石路，前
景是一位彷彿在揚手告別的
農夫，亡靈似乎也跟著尖峭
拔高的嗩吶往天空飛昇，一
起走遠。（1940年代,楊梅,
吳金淼攝）
⑥電子琴花車。淡水鎮某人
家在喪禮出殯前，特別從台
灣電子琴花車的故鄉──嘉

義，請來小姐演出裸體歌舞
秀，爲亡者獻上最後一曲。
（1992,潘小俠攝）
⑦掛紙。客家人稱掃墓爲
「掛紙」，是一年當中的重要
祭儀。擺在墓碑正前方地上
的竹籃，裡面裝著「發粄」，
是掛紙必備的祭品。在窮苦
的年代，祭祖完畢後，主人

會把發粄切成一片一片，分
給在旁觀看的人，這些人以
小孩、流浪漢和乞丐居多。
（1935,新竹峨嵋,鄧南光攝）
⑧超度亡魂。在傳統漢人喪
儀中，家人必須披麻戴孝爲
死者燒銀紙誦經，保佑死者
平安前往極樂世界。（1995,
中壢,劉振祥攝）

舉頭三尺有神明

島嶼從來不計較。有金身的，沒有金身的；有殿堂的，沒有殿堂的；凡孤苦無依者，皆得所慰藉！

1

2

3

4

5

6

① 大年初六清水祖師誕辰祭典。(1950,三峽祖師廟,李梅樹紀念館提供)

② 燒王船。是「王醮」最具戲劇性的儀式，王醮每三年舉行一次，以驅逐屬疾。王船骨架為竹製，船身由紙糊而成，儀式結束後在海邊焚燒。(1988,屏東東港,劉振祥攝)

③ 藝閣陣頭。早期台灣傳統廟會中的藝閣多以競賽方式進行，因此不論在題材、服飾和造型上，都經過巧心設計，甚至以酒樓的藝旦來扮演。許多平日沒有機會接觸藝旦的人，便趁此機會瞧瞧她們的模樣。(1930年代,莊永明提供)

④ 日本神輿進州廳。日治時代的台灣人必須要過日本節慶，這是中學生把神輿抬到台中州廳大門口的情景。(1942,陳耿彬攝,陳政雄提供)

⑤ 霞海城隍出巡。連著兩夜的城隍夜巡後，白天的遊行終於登場。七爺謝必成將軍走在前方打頭陣，遊行的隊伍貫穿整條迪化街，連綿至鏡頭的遠處。(1949,台北大稻埕,張才攝)

⑥ 中元普渡放水燈。在物資匱乏的農村時代，水燈上常壓著錢幣，一些窮苦小孩便趁機在河裡搶拾這些「外快」，形成普渡孤魂野鬼祭典中的小插曲。(1978,新竹芎林,徐仁修攝)

⑦ 布農族射耳祭，是布農族一年當中最重要的祭典。照片所捕捉的瞬間是男性族人圍成半圓與長老一同禱告，祈求狩獵豐碩。(1989,台東桃源村,吳忠維攝)

⑧ 八家將擺陣。擺頭陣可有一番學問在，先把要踩的陣形擺好，然後依陣法行進。從前陣法多由師徒代代相傳，但許多陣法因為耗時而且傳授不易已逐漸失傳。(1958,台北萬華,滕乃強攝,中央社提供)

7

8

9

10

⑨內灣天主堂落成。原名「聖母升天堂」的新竹內灣聖堂，1955年由雷得文神父開教。當年因內灣煤礦的開採，許多外地人前來討生活，高危險的採礦工作需要宗教的寄託，內灣地區因而有不少信徒。而天主堂提供的社區幼教服務，也減輕了許多勞動家庭的教養問題。（內灣天主堂提供）

⑩鞭炮「炸」神轎。這是淡水地區清水祖師爺的年度出巡盛典。照片上的情景爲在神轎遶境的路上，附近商家或信徒常在神轎即將抵達時先放上一陣「猛炮」，轎夫便趁勢跳起，大夥兒共同演出一場鬧熱滾滾的「台灣式嘉年華」。（2000,劉振祥攝）

參考書目
凡書籍資料未標示日文版、英文版者均爲中文版,各分類項依出版時間排序

20世紀歷史‧影像

- 20世紀:從攝影看世界與日本的一百年(日文版),1996,日本東京,集英社
- 人物20世紀 (日文版),1998,日本東京,講談社
- 日錄20世紀 (日文版),1999,日本東京,講談社
- 時代精選,1973,時代雜誌
- 20世紀影像史(英文版Photohistory of the 20th Century),1986, Grimwood, Joanthan/Blandford Press, 紐約
- 我們的時代:馬格蘭攝影精選(英文版)In Our Time: The world as Seen by Magnum Photographers, 1989, William Manchester with essays by Jean Lacouture and Fred Ritchin.
- 人類大世紀(20th),1999,大地地理出版社
- 20世紀史(Our Times),1998,貓頭鷹出版社
- 珍藏20世紀(The Century),1999,彼德‧詹寧斯、陶德‧布魯斯特著/時報出版公司

台灣日治時期歷史‧影像

- 台灣大觀(日文版),1912,台灣大觀社
- 高砂啤酒廠寫真冊(日文版),1926,高砂啤酒廠編
- 台北州警察衛生展覽會寫真帖(日文版),1926,台北州警務部
- 東台灣展望(日文版),1933,東台灣曉聲會
- 風光台灣(日文版),1939,臺灣日日新報社
- 台灣寫真帖(日文版),1908,台灣總督府
- 國立公園寫真帖(日文版),1939,台灣國立公園協會
- 日本植民地史3:台灣‧南洋(日文版),1978,日本東京,每日新聞社
- 台灣懷舊 1895-1945,1990,創意力文化公司
- 台灣回想 1895-1945,1990,創意力文化公司
- 斯土繪影 1895-1945,1996,立虹出版社
- 台灣鳥瞰圖,莊永明著,1996,遠流出版公司

台灣史料總覽

- 台灣大年表(中文復刻版),1938,台灣經世新報社
- 台灣指南,1948,台灣省新聞處編印
- 文山導遊,1948,文山風景區建設委員會編印
- 台灣名勝指南,約1950年代,台灣旅行社
- 台灣觀光指南,1959,台灣觀光協會編印

- 台灣旅館業名鑑,1959,台灣觀光導報社編印
- 工商指南曆書,1962,瑞成書局
- 台灣畫史,1963,台灣畫史編纂委員會
- 台灣公路風光,1965,台灣省公路局編印
- 台灣鐵路沿線風景,1968,台灣鐵路管理局編印
- 光復前台灣文學全集,1979-82,遠景出版社
- 台灣地區文獻會期刊總索引,1989,龍文出版社
- 台灣紀事:台灣歷史上的今天(上/下),莊永明著,1989,時報出版公司
- 台灣全記錄,1990,錦繡出版社
- 台灣民間產業40年,王克敬著,1991,自立晚報出版社
- 台灣茶葉發展史,范增平著,1992,台北市茶商同業公會
- 台灣近代建築之風格,李乾朗著,1992,室內雜誌出版社
- 尋找工業傳家寶,1992,光華雜誌社
- 台灣百科,若林正丈、劉進慶、松永正義編著,1993,克寧出版社
- 吃在台灣,李澤治著,1993,吃遍中國出版社
- 台北建城百年史,黃富三編著,1995,台北市文獻委員會
- 台灣第一,莊永明著,1995,時報出版公司
- 台灣建築百年,李乾朗著,1995,室內雜誌社
- 台灣歷史年表(1-5),1996,台灣史料編纂小組,業強出版社
- 台灣歷史圖說,周婉窈著,1997,聯經出版公司
- 台灣醫療發展史,陳永興著,1997,月旦出版社
- 島國顯影(1-4),1997,創意力文化公司
- 台灣醫療史,莊永明著,1998,遠流出版公司
- 台灣史100件大事(上/下),李筱峰著,1999,玉山社出版公司
- 台北古城深度旅遊,2000,遠流出版公司
- 台北歷史深度旅遊,2000,遠流出版公司
- 台灣百人傳(1-3),莊永明著,2000,時報出版公司
- 台灣史小事典,遠流台灣館編著,2000,遠流出版公司

台灣影像‧圖象誌

- 日新懷念集,約1975,私人出版
- 台灣行腳,1984,大拇指出版社
- 台灣經濟影像(1940-80年代),1987,卓越文化事業公司
- 影像的追尋(上/下),張照堂著,1988,光華書報雜誌社
- 快門下的老台灣,向陽、劉還月編著,1989林白出版社
- 玉山回首,1992,玉山國家公園出版社

◆ 走過從前：澎湖懷舊照片專輯,1994,澎湖縣立文化中心
◆ 往日情懷：大甲老照片徵展專輯,1994,台中縣立文化中心
◆ 街坊市井：鹿港景深30年,許蒼澤攝影集,1992,左羊出版社
◆ 南投縣老照片特輯(1-5),1994,南投縣立文化中心
◆ 看見淡水河,張照堂主編,1994,台北縣立文化中心
◆ 回首楊梅壢,梁國龍,曾年有編,1995,楊梅文化促進會
◆ 打開新港人的相簿,顏新珠編著,1995,遠流出版公司
◆ 台灣百年攝影展圖錄,1995,國立歷史博物館
◆ 台灣：戰後50年,1995,時報出版公司
◆ 台灣地區公共衛生發展史照片選集,1995,行政院衛生署
◆ 竹籬笆今昔：一個眷村社區的歷史與文化,1995,台南北垣社區編印
◆ 圖說淡水四百年,1995,台北縣淡水鎮公所
◆ 大員印象‧安平圖像,1995,台南市立文化中心
◆ 生活‧台灣,1995,中華發展基金管理委員會編印
◆ 內灣線的故事,陳板主編,1996,新竹縣政府
◆ 立石鐵臣：台灣畫冊解說,1996,台北縣立文化中心
◆ 牛罵頭老照片專輯,1996,台中縣立文化中心
◆ 年輕‧台北,1996,台北市政府新聞處
◆ 時空寄情-馬祖,1996,連江縣社會教育館出版
◆ 塵煙回眸憶當年：南投縣老照片特輯,1996,南投縣立文化中心
◆ 女人‧台北,1997,台北市政府新聞處
◆ 皮影戲-張德成藝師家傳影偶圖錄,張榑國著,1997,教育部
◆ 走過從前：眷村的影像歲月,1997,新竹市立文化中心編印
◆ 影說台北,1997,台北市政府新聞處
◆ 影像寫台灣：花蓮人的老相簿,邱上林編著,1997,花蓮縣立文化中心
◆ 展讀歷史‧典藏歲月,周明編著,1997,台灣省文獻會印行
◆ 嘉義風華,顏新珠編著,1997,嘉義縣立文化中心
◆ 重道崇文：大員印象‧教育圖像,1998,台南市文化基金會
◆ 莿桐最後的望族,林保寶著,1998,玉山社出版公司
◆ 看見原鄉人,1998,台北市政府,台北市客家公共事務協會
◆ 老‧台北‧人,張照堂主編,1998,台北市政府新聞處
◆ 台灣少年工,張良澤,張瑞雄,陳碧奎合編,1999,前衛出版社
◆ 回想清水：牛罵頭老照片專輯,1999,台中縣立文化中心
◆ 時代膠囊：千禧年半世紀前的影像台灣,1999,楊基炘
◆ 認真的台北人,1999,張照堂主編,台北市政府新聞處
◆ 台灣20世紀影像寫真輯,1999-2000,台中扶輪社

◆ 光陰的故事：黃伯驥70攝影展,2000,國立歷史博物館
◆ 從異鄉到家鄉：「外省人」影像文物展,2000,台北228紀念館
◆ 鄧南光影像故事(1),2000,北埔鄉農會膨風節工作站贊助出版
◆ 歲月‧部落‧原住民,2000,台北市政府,原住民事務委員會
◆ 風中舞影攝影作品集,2001,新竹市立演藝廳發行

報紙‧期刊

◆ 臺灣日日新報(日文版),1900-1940,臺灣日日新報社
◆ 臺灣新民報(日文版),1930年代,臺灣新民報社
◆ 民俗台灣(日文版),1941-45(1998復刻),末次保,金關丈夫編著,南天書局
◆ 新新月刊,1945-46,(1995復刻1-8)傳文文化公司
◆ 台灣文化,1945-46,(1999復刻),吳三連台灣史料基金會、傳文文化公司
◆ 中央日報,1949-60年代,中央日報社
◆ 自由談3-7卷,1952-56年代,中國自由出版社
◆ 豐年,2卷1期,7卷11期,4卷15期,1952-54,豐年社
◆ 自由中國,15卷10期-16卷3期,18卷1期,1954-60,自由中國社
◆ 台灣新生報光復創刊16年特刊,1961,台灣新生報社
◆ 今日世界,1960年代,今日世界出版社
◆ 台北畫刊,1968-70,台北市政府新聞處台北畫刊社
◆ 台灣畫刊,1965-72,台灣畫刊雜誌社
◆ 今天雜誌,1965,今天雜誌社
◆ 工業設計,創刊號,3期,1967-68,工業設計雜誌社
◆ 戶外生活,1976,戶外生活雜誌社
◆ 漢聲雜誌,6期,國民旅遊專集,1979,漢聲雜誌社
◆ 中華民國廣告年鑑,1981,哈佛企管顧問公司出版部
◆ 世界地理雜誌精選集1,1984,世界地理雜誌社
◆ 人間,37期,讓歷史指引未來專題,1988,人間雜誌社
◆ 芙蓉坊,10卷11期,1990,芙蓉坊公司
◆ 歷史月刊,45期,1991,歷史月刊雜誌社
◆ 遠航雜誌,1997-98,樺榯文化公司,遠航雜誌社
◆ 天下雜誌：發現台灣(1620-1945)專題/影響200飛越2000專題/風雲際會100年專題,1991/1998/1999,天下雜誌社
◆ 廣告雜誌,100期,1999,廣告雜誌社
◆ 台北畫刊,1999-2000,台北市政府新聞處

特別感謝

以下人士及單位熱心提供珍貴的影像、圖象、文史資料，
讓我們得以長眺台灣百年生活的光影，並共同在21世紀繼續累積，在此一併致上最深的謝意。

(依姓氏、單位筆劃序，敬稱略)

攝影者

丁榮生、卜華志、何曰昌、吳冰雲、吳忠維、吳金淼、李文吉、李重耀、李悌欽
李鳴鵰、岳國介、林格立、林國彰、邱瑞金、洪孔達、徐仁修、張詠捷、梁正居
許蒼澤、郭娟秋、陳建仲、陳炳勳、陳輝明、傅良圃(F. J.Foley)、黃子明、黃伯驥
黃明偉、黃智偉、黃震洋、楊文卿、楊永山、楊基炘、劉振祥、劉鴻文、潘小俠
蔡百峻、蔡明德、鄧坤海、鄧惠恩、蕭永盛、謝三泰、謝省躬、羅智成、羅超群
關曉榮、鐘永和

圖片·資料提供者

王惟、王淑津、王連源、立石壽美、吳子文、吳長錕、吳梅嶺、吳富美、吳榮訓
吳興文、李火龍、李秀玲、李　疾、李高雄、李添福、李景暘、李景文、李魁俊
周明德、周朝立、林月里、林芳怡、林信誼、林保寶、林英敏、林皎宏、林絮霏
林漢章、林鳳嬌、邱榆鑑、邱榮華、施秀盼、洪聰益、唐壽南、高作珮、高明華
張先正、張庚崑、張芳伶、張素娥、張國華、張槫國、張傳財、張曙光、曹　森
梁志忠、莊正夫、莊展鵬、許翠華、陳永興、陳秀芳、陳秀梅、陳佳芬、陳　板
陳政雄、陳映真、陳振平、陳得時、陳景星、陳進鎰、陳慶芳、陳耀圻、舒國治
黃芳美、黃春秀、黃照美、黃淵泉、黃盛璘、黃瑞卿、黃繁玉、黃慶峰、萬金寶
葉博文、詹安妮、趙世昌、劉育東、劉峰松、劉楊羅、劉還月、歐月華、蔣松輝
蔡文婷、蔡南宏、蔡進昌、鄧世光、鄭世璠、鄭茂仁、謝錫傑、簡明輝、簡義雄
顏千峰、顏新珠、羅廣仁、蘇文魁
八仙樂園、大統百貨公司、中央通訊社、中時資料中心、中研院人文社會科學研究所
中國國民黨黨史會、中國電視公司、內灣天主堂、戶外出版社、可口可樂公司
牛罵頭文化協進會、台中縣三田國小、台中扶輪社、台北228紀念館、台北市文獻會
台北市立美術館、台北市政府都市發展局、台北市政府新聞處、台北市茶業商公會
台東基督教醫院、玉山社出版公司、光華雜誌社、安寧照護基金會、自來水博物館
行天宮文教發展促進基金會、行政院衛生署、李梅樹紀念館、花蓮縣文化局
門諾醫院、信誼基金會、信喜實業公司、南投縣文化局、席德進基金會、展顏工作室
國立台灣美術館、國家圖書館台灣分館、常民文化學會、華克文化公司、黑松公司
陽明海運公司、傳文文化公司、雄獅圖書公司、意圖工作室、慈濟文教基金會
新竹客運公司、新港文教基金會、嘉義縣興中國小、彰化基督教醫院、遠航公司
樺榭文化公司、賴和紀念館、羅東聖母醫院、觀光局

台灣世紀回味.Vol.2,生活長巷　1895-2000 / 遠流
　　視覺書編輯室編著. -- 二版. -- 台北市：遠
　流，2011.06
　　　面：　　公分
　ISBN 978-957-32-6814-7（精裝）

　1.台灣史

　733.21　　　　　　　　　　　　100011597